코인부자는 무엇이 달랐나

코인·금융 전문기자들이 펴낸 '고래 분석서'

코인부자는 무엇이 달랐나

이진우 • 이승주 • 김제이 지음

지베르니

코인으로 성공한 이들의 비결은 무엇일까? 실력? 운? 분명한 건 본질을 모르고선 절대 성공할 수 없다는 것이다. 다시는 쳐다보지 않으리라 굳게 결심해도 결코 외면할 수 없는 그것…. 코인에 대해 이 책은 투자자들이 기본으로 장착하고 가야 할 기초지식과 풍부한 에피소드를 담고 있다. 일반인은 물론 정책 당국자들도 코인의 바른 이해를 위해 꼭 일독해야 할 지침서이다.

손병두 전 금융위원회 부위원장

글로벌 금융위기 이래 민주적 금융질서를 구현할 수단으로 여겨지던 크립토 현상은 현재 진행형이다. 화폐(currency)와 상품(commodity)을 오락가락하며 변신을 거듭하지만 '없는 자'들 편에서 기성 금융질서를 대체하는 혁신 아이콘의 이상과 지위는 온데

간데없다. 그야 어쨌든 글로벌 투자 생태계의 구성요소로 자리 잡은 것만은 분명해 보인다. 여타 자산과 마찬가지로 크립토 투자자도 빙산 형상의 성패 분포를 보일 것이다. 수면 위 성공한 투자만 눈에 띄지만 대부분 실패로 고통받는 투자자들은 수면 아래 있다. 이진우 부국장과 저자들은 크립토 현상을 투자생태계로 보고 소위 '코인' 투자가 초래한 우리 사회의 명암을 고루 다루면서 일반 크립토 투자자들이 참고하고 유념해야 할 투자 지침을 제시하고 있다. 기왕에 투자하기로 했다면 '더 큰 바보'(the Greater Fool)에 기대기보다 저널리스트들의 균형 있는 관점을 들어보는 게 낫겠다.

최훈 전 싱가포르 대사

이 책은 가상자산 산업의 국내외 주요 이슈와 규제 방향을 명확히 설명하며, 현명한 투자 결정을 내리는 데 필요한 지침을 제공하고 있다. 저자의 폭넓은 이해와 이슈 분석, 실전 경험을 바탕으로 중장기적인 투자 관점에서 가상자산의 미래를 예측하는 데 큰 도움이 될 것 같다.

이재원 빗썸코리아 대표

"코인은 금융혁신이에요"

　"코인은 금융혁신이에요". 일명 '코인 전문 기자'로 현장을 누비던 시절, 말레이시아 출신의 외국인 개발자와 인터뷰에서 그가 한 말이다. 인터뷰이에게 왜 블록체인(암호화폐 기술의 근간) 업계로 왔는지 물었다. 그가 들려준 이야기는 외국에 송금 한 번 해본 적 없는 내겐 신선한 충격이었다. 그는 한국에 유학 와 취업까지 한 대한 외국인이다. 타국에서 공부하고 일한 10년이 넘는 세월 동안 고향에 있는 가족들과 돈을 주고받을 때마다 이중 삼중 높은 수수료에 송금 기간 역시 며칠씩은 걸렸다고 한다. 은행 시스템에 문제가 생기면 그 기간은 더 길어졌다고.

　하지만 그는 블록체인 금융, 즉 코인을 접하고 난 뒤에는 이런 불편함은 사라졌다고 한다. 가상자산(암호화폐) 송금을 이용하니 단

몇 분 만에 고향에 있는 가족들에게 돈을 부치고 받을 수 있게 되었다. 이렇게 쉽게 국제 송금을 할 수 있다는 걸 스스로 체감하니, 블록체인 기술에 금융의 미래가 있다고 확신하게 되었다는 것이다.

코인이라는 새로운 기술금융의 가능성을 알아본 건 말레이시아 인터뷰이뿐만 아니다. 이미 우리나라에는 코인을 통해 막대한 부를 가진 이들이 수도 없이 많다. 이 책은 세 명의 언론인이 모여 차세대 금융을 소개하고 또 이를 통해 성공의 기회를 포착한 사람들의 이야기를 다루고 있다. 우리가 전하고자 하는 건 돈 놓고 돈 먹기가 판치는 투전판의 가십거리가 아니다.

앞으로 여러분들이 만나게 될 '코인부자'들은 누구보다 빠르게 새로운 기술과 금융을 발굴한 선구자(Pioneer)다. 이들은 단순히 코인으로 벼락부자가 된 게 아니라 혁신 기술 기반의 창업가 정신을 강조하는 '네트러프러너십(Netrepreneurship)'을 실천하는 기업가들이다. 네트러프러너들은 디지털 기술을 활용해 사업 기회를 포착하고 이를 통해 수익을 창출하는 사람들이다. 우리가 이야기하는 코인부자들은 단순히 우연한 기회로, 투자를 잘해서 큰 부를 가진 게 아니다. 특히 가상자산에서 사업 기회를 포착하고 조기에 진입해 누구보다 큰 위험과 모험을 감수한 이들이 응당 받아야 할 값진 보상인 것이다.

　코인은 사람들에게 탈중앙화가 무엇인지 보여주며 성장하고 있다. 이는 단순한 기술 혁신을 넘어 금융 민주화의 새로운 장을 열고 있다. 우리는 이 책을 통해 차세대금융이 가져올 미래와, 그 미래를 앞서 내다보고 도전한 선구자들의 이야기를 들려주고자 한다.

목차

I

코인에 올인한 나, 왜 파산했을까
- 나를 알면 백전백승, 코인 광풍 전격 분석

내가 잃을 때 부자 된 이들이 있었다
- 폭락장에 모두가 잃는 건 아니다

코인부자는 무엇이 달랐나
- 기자들이 분석한 코인부자의 성공 요인

IV

투자가치 여전할까, 잠재력 바로 알기
- 이미 오를 대로 올랐다며 외면하고 있다면

변동성에 스캔들까지, 폭락에 대처하는 자세

- 과거에서 배우는 리스크 헤지 전략

투자에 앞서 주목할 이슈 7
- 망설여진다면 이것만은 주목하라

I

코인에 올인한 나,
왜 파산했을까

－ 나를 알면 백전백승, 코인 광풍 전격 분석 －

광풍 끝에 폭락,
그런데 또 코인이라고?

　지금에서 왜 다시 코인에 주목하라는 것일까. 광풍 끝에 폭락했던 코인 가격은 2024년 초 꿈틀대는가 싶더니 힘 있게 반등한 뒤 도널드 트럼프 전 미국 대통령의 재당선 소식과 함께 심지어 전 고점까지 훌쩍 뛰어 넘어섰다. 가격이 오르니 슬쩍 상승장에 편승하려는 것 아니냐고 힐난할지 모르겠다. 가격이 오르고 난 뒤 "코인에 주목하라"는 말은 누가 못할까 싶을 수 있다. 물론 틀린 말은 아니다. 하지만 단순히 비난하기 전 생각할 것들이 있다. 가격이 반등, 심지어 치솟는다 한들 "다시 코인이다"라며 목소리를 높이면 떠났던 투자자 마음이 쉽게 돌아올 수 있을 상황인가?

이미 가상자산 시장은 광풍과 폭락을 반복하는 가운데 투자자의 신뢰를 상당히 잃은 상태다. 앞서 코인 시장은 2017년에 한 번 2021년에 또 한 번 크게 올랐다. 하지만 크게 오른 만큼 희망도 컸고 그만큼 컸던 낙폭 끝에 찾아온 절망도 뼈아팠다. 그중에 가장 크게 오른 지난 2021년 가상자산 시장은 투자자들의 쌈짓돈을 크게 삼켰다. 금융 및 투자에 밝은 이들은 폭락장을 미리 감지하고 사전에 대처한 덕분에 자산을 지킬 수 있었지만, 초보 투자자들은 무리하게 빚내서 투자하다 연이은 코인 사기까지 발목 잡혀 상당수 파산에 이르렀다.

코인 폭락이 더 안타까운 지점은 투자자에게 희망을 앗아갔다는 점이다. 당시 코인은 20~30대 젊은 층까지 투자 연령을 확대할 만큼 새로운 투자 대상으로 주목받고 있었다. 부동산은 내 집 하나 마련할 수 없을 정도로 치솟고 예·적금과 주식 등 금융투자에서는 노후를 보장받을 수 없다는 자괴감이 만연하던 때, 코인은 새로운 투자 대안으로 주목받았다. 심지어 일부 직장인들에게 코인이야말로 계층을 뛰어넘을 수 있는 희망으로 다가왔다.

기어이 '달까지 가자'며 코인에서 경제적 자유를 꿈꾸던 그때, 일련의 코인 스캔들까지 터지며 폭락장에서 절망을 맛봐야 했다. 이들에게 코인은 투자의 대상이 아닌 '도박'이자 실체 없는 '사기'가 돼버렸다. 실제로 그 이후 온라인 커뮤니티에서도 코인에 대한 확연히 달라진 분위기가 감지된다. 코인 투자 성공담이나 투자 조언을 구하는 게시물보다 '코인 투자하는 배우자와 이혼해야 할까요', '코인 빚을 숨긴 애인, 결혼하면 안 되겠죠' 등의 상담 글이 더 눈에 띄는 식이다.

이처럼 코인에 대해 회의적으로 바뀐 분위기 속에서도 코인에 주목하라며 다시 코인을 꺼내 든 이유는 하나다. 앞선 코인 광풍 때 우리가 마주한 코인의 실체는 진정한 코인이 아니었기 때문이다. 우리가 마주한 코인은 코로나19가 촉발한 역대급 저금리 유동성 장이 가져온 광풍 속 투기의 대상에 불과하다. 가슴에 손을 얹고 생각해 보자. 과연 우리가 코인 투자에 처음 나섰을 때 어떤 마음이었는지 말이다. 코인의 잠재력과 그 가치를 알고 투자한 것이 맞는가? 역대급 가격 오름세에 시세차익을 얻는 지인들을 보며, 뒤처질지 두려워 매수세에 급히 뛰어든 것은 아닌가? 만약 후자라면 우리는 코인이란 가치에 투자한 것이 아닌, 그저 급히 오르는 무언가의 시세차익을 노리며 단순 추격 매수하고 있던 것은 아니었을지 생각해 보자. 그것이 코인이 아닌 다른 것이었더라도 가격이 올랐다면 우리는 샀을 것이란 뜻이다.

너나 할 것 없이 사고파는 가운데 계속 가격이 오르자, 내가 사고 있는 코인이 무엇인지도 모르는 채 그저 잃은 돈을 되찾기 위해 빚까지 내며 판에 다시 뛰어들었을 뿐, 가상자산의 진정한 미래가치를 알아보며 투자한 게 아니란 말이다. 우린 이를 투기이자 도박이라고 부른다.

반면 이런 광풍이 불기도 훨씬 전, 가상자산의 탄생을 이해하고 그 가치를 알아본 뒤 의연하게 투자하며 부를 거머쥔 이들이 있었다. 과연 그들은 무엇이 달랐을까. 이들은 광풍이든 폭락이든 연연하지 않았다. 가상자산의 가치를 알고 믿었기 때문이다. 어떤 변수나 리스크가 닥쳐와도 그런 변수는 투자 과성 어디에나 있을 수 있는 것쯤으로 간주했다. 피 같은 투자금을 넣고도 의연할 수 있던 비결은 세월이 지나면 그 가치는 다시 빛을 발할 것이란 점을 믿었기 때문이다.

2024년 또다시 가상자산이 반등한다. 과연 평범한 우리들은 이번에는 어떤 선택을 해야 할까. 가상자산은 실체가 없는 수단이자 도박이라며 외면할 것인가. 혹은 강한 상승장이 다시 올 것이라며 운을 노려볼 것인가. 시세차익을 노리고 사고팔며 또 다른 도박을 벌여볼 것인가. 선택은 자유지만, 코인부자들도 존재한다는 사실을 떠올려보자. 그들은 과연 우리와 무엇이 달랐을까. 코인에 투자하며 돈을 날리고 파산까지 했던 평범한 우리들과 그들의 차이는 무엇일까. 같은 가상자산 시장에서 다른 결과를 보인 비결은 어디에서 나온 것일까. 그렇다면 나는 앞으로 어떻게 해야 할까 말이다.

내가 시작했을 때 이미 열풍이었다

그들의 선택을 분석하기 전, 그동안 우리 같은 평범한 투자자들의 과거 코인 접근법과 투자 패턴을 먼저 살펴보려 한다. 이 글을 읽고 있는 대부분 투자자가 코인 광풍이 시작됐던 지난 2021년 전후로 코인에 입문했을 것으로 예상된다. 실제 통계상으로도 가상자산 투자자들은 이 시점에 크게 늘었다는 점이 이를 방증한다. 게다가 금융당국에서 처음으로 통계 집계를 시작했을 정도다. 금융당국은 그동안 가상자산이 탈중앙화, 즉 중앙시스템 통제 속에 있지 않다는 점에서 관리하지 않았다. 하지만 일반인들의 가상자산 투자가 급격히 늘어나자, 그에 따른 부작용을 우려해 처음으로 통계 집계에 나섰다.

금융위원회 금융정보분석원(FIU)에서 처음으로 실시한 '2021년 하반기 가상자산사업자 실태조사 결과'에 따르면 그해 말 기준 거래액은 총 55조2000억원, 하루 거래액은 11조3000억원에 달했다. 가상자산 투자를 위한 계정이 개설된 등록 이용자 수는 1525만명, 이중 실제 이용자는 558만명으로 추산했다. 권은희 전 국민의당 의원이 금융위원회를 통해 국내 4대 가상자산거래소(빗썸·업비트·코빗·코인원)에서 받은 자료에서도 2021년 총 249만5289명이 신규 실명계좌를 만든 것으로 나타났다.

평범한 일반인들이 그해 코인 투자에 관심을 두게 된 계기는 무엇일까. 물론 그 해에 코인 가격이 치솟았기 때문이다. 그것도 코인 역사상 가장 큰 폭으로 말이다. 그동안 잔잔하게 움직이던 코인 가격은 2017~2018년 한 번 크게 움직인 바 있지만 2021년의 움직임은 그보다 5배가 넘는 강한 상승세였다. 인베스팅닷컴에 따르면 개당 500달러 수준에서 움직이던 비트코인은 2017년 말 1만 3000달러를 넘어선다. 하지만 2021년에는 6만 달러까지 치솟는다. 2017년에도 강한 상승장이었지만 2021년의 상승세는 차원이 다른 수준이었다는 것을 알 수 있다.

상승장이 시작되자 시세차익으로 돈을 번 이들이 생겨났고, 이들의 성공담이 미디어를 타고 곳곳에서 전해졌다. 당시 직장인 익명

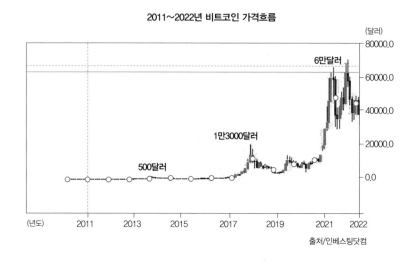

2011~2022년 비트코인 가격흐름

출처/인베스팅닷컴

커뮤니티 '블라인드'에서는 비트코인 1억원 돌파로 15억원을 번 공무원 A씨의 글이 화제를 모았다. '압구정 현대 오늘 바로 사러 갑니다'라는 제목의 글을 올린 A씨는 평균 매수가 5675만원에 총 20억원 규모의 비트코인 35개를 구매한 화면을 함께 첨부했다. 1억원을 돌파 이후 그가 보유한 비트코인의 평가 금액은 35억2000여만원에 달한다. 수익률만 75.6%다.

성공담을 접한 이들이 너나 할 것 없이 추격 매수하듯 가상자산 시장에 뛰어들기 시작했다. 가격 오름세에 수요가 늘어나며 투자금도 몰렸다. 이는 코인 전체 시가총액 변화에서 살필 수 있다. 국내 코인거래소 빗썸에 따르면 코인 시장 시가총액(시총)은 2020년 4월부터 본격 증대된다. 그전까지 5000억 달러 미만에서 움직이던 시총은 2021년 5월에는 2조 달러까지 4배 넘게 불어났다. 늘어난 시총에 가격은 또 올랐고, 그 오름세를 보고 수요도 증가했다.

이 당시 코인 투자에 입문하는 이들이 광범위하게 늘어나면서 코인에 입문한 투자자를 '코린이(코인 어린이)'라 부르는 등 다양한 신조어까지 등장했다. 코인으로 수십억을 벌었다는 청년 부자들이 부랴부랴 유튜브를 켰고 책을 내기 시작했다. 코린이를 위한 재테크 콘텐츠가 봇물 터지듯 나왔다. 재테크 투자 서적의 베스트셀러 상위권을 차지하던 부동산과 주식이 코인에 자리를 내어줬을 정도다. 그렇게 점점 초보 투자자 즉 코린이들이 하나둘 뒤따라 들어왔다.

주변에서 코인으로 돈을 벌자, 나만 소외될 수 없다는 심리도 코인 열풍에 불을 붙였다. 투자시장에서 가격이 오르면 뒤늦게 투자 초보자들이 뛰어드는데 이를 '포모 증후군(FOMO · Fear of missing out)'이라 부른다. 당시 코인 대장주 비트코인 가격이 한때 개당 1억원을 뚫자 꿈이 현실이 될 수 있다는 생각에 '지금이라도 들어가야 한다'는 포모 심리가 극에 달한 것으로 분석된다. 게다가 낙관론자들의 전망도 힘을 더했다. 그동안 비트코인 강세를 꾸준히 점쳤던 '부자 아빠 가난한 아빠'의 저자 로버트 기요사키는 비트코인이 30만달러, 영국 대형 은행 스탠다드차타드(SC)는 20만 달러까지 목표가를 높여 부른 바 있다.

대학생까지 뛰어들 때 도박판이 되었다

'코인 열풍'을 넘어 '광풍'이 된 지점은 대학생들마저 시장에 뛰어들었을 때다. 투자업계에 '대학생들이 투자하기 시작하면 팔고 나와야 한다'는 말이 있다. 업계에서 말하는 그저 그런 속설에 불과하지만 지난 10여년 국내 주요 투자시장에서는 이를 증명할 수 있는 지점이 종종 목격된다. 부동산에서 분양권 투자로 분양가 과열을 보일 때면 대학가에는 '분양권 스터디'나 '경매 동아리' 등이 등장했다. 증시가 고공 행진하자 주식 유튜브를 보고 강의를 찾아 듣는 대학생까지 나타났다. 하지만 대학생들이 투자에 뛰어들었다는 소식 뒤에 시장은 하락세로 전환하는 일이 잦았고, 으레 '막차 투자자'나 '빚더미에 앉은 청년' 등으로 보도되었다.

'대학생 진입=시장 과열' 지표가 과학적으로 증명된 것은 아니지만, 곰곰이 생각해 보면 어떤 측면에서 나온 말인지 이해가 가는 면도 있다. 대학생은 모든 투자 연령층 중에서 정기적인 소득이나 목돈이 없다 보니 충분한 투자금이 없는 세대다. 이제 막 성인이 된 만큼 자본 시스템이나 원리에 통달하지 않은 데다 투자 경험도 적어 미숙할 수밖에 없다. 무엇보다 제1의 목표가 당장 시세차익보다 취업 등 진로에 초점이 맞춰져 있다 보니 투자시장 변화에 가장 둔감할 수밖에 없다. 그런 대학생마저 투자에 뛰어들 정도면 이미 투자할 사람들은 시세차익 얻을 대로 얻은 장이란 뜻으로 해석할 수 있지 않을까.

이때도 코인 가격이 오르기 시작하자 직장인은 물론 대학생마저 가담하기 시작했다. 2021년 5월 구인구직 매칭 플랫폼 사람인이 직장인 1855명을 대상으로 '직장인 암호화폐 투자 현황'을 조사한 결과도 같은 모습을 보였다. 응답자의 40.4%가 '암호화폐에 투자하고 있다'고 말했다. '광풍' 답게 소득이 적은 젊은 층을 중심으로 투자가 확대되었다. 연령별로는 30대가 49.8%로 가장 많았지만

20대도 37.1%에 달했다. 이밖에 40대 34.5%, 50대 16.9% 순으로 집계되었다.

20대 중에서 대학생의 투자 비중도 상당했다. 알바천국의 설문 조사에서는 대학생 4명 중 1명이 가상자산에 투자한다고 응답했다. 알바천국이 대학생 1750명을 대상으로 설문조사를 실시한 결과 절반 이상(52.9%)이 코인 열풍을 긍정적이라고 평가했다. 응답자의 23.6%는 실제로 코인에 투자 중이라고 답했다. 당시 대학 커뮤니티나 온라인 투자 카페 등에는 "다른 일이 손에 안 잡힌다. 계속 이것만 들여다보게 된다", "어느 강의동을 지나가도 다들 비트코인 얘기뿐", "알바비 모아둔 것으로 투자하려는데 코인 추천 좀" 등의 글이 목격되었다.

결국 금융당국에서 젊은 층의 코인 투자에 대한 우려를 공식화했다. 은성수 금융위원장은 그해 국회 정무위원회에서 "(젊은이들이) 잘못된 길로 가면 어른들이 얘기해 줘야 한다"고 경고했다. 당시 금융당국 수장의 가상자산을 바라보는 관점을 두고 젊은 투자자들은 시대착오적이라고 비판했지만 그만큼 정부에서도 과열 상태로 보고 제동을 건 것으로 주목된다. 실제로 가상자산 시장은 변동성이 큰 것이 특징인데, 청년 초보 투자자들이 약간의 하락도 못 견디고 매도하며 손실을 보더니 다시 반등하는 것을 보고 뒤늦게 매수하는 일이 빈번하게 발생했다. 부족한 투자금은 빚까지 내면서 말이다.

대학생들 사이에서도 점차 우려하는 목소리가 터져 나왔다. 사람인의 설문조사에 따르면 가상자산 투자를 부정적으로 바라보는 대학생이 47.0%로 조사되었다. 그 이유로는 '투자가 아닌 투기, 도박성이 강하다'는 응답이 26.8%로 가장 많았다. '가격 변동성에 따른 위험 부담'이 24.0%, '투자 과열로 인한 부작용'이 20.4% 순으로 집계되었다. 이밖에 '실체가 없고 가치가 증명되지 않은 투자 수단'(16.5%), '최소한의 법적 장치, 투자자 보호 수단이 없어서'(10.0%) 등의 이유도 거론되었다.

코로나에 생활고, 집·돈 잃고 코인에 희망 찾아

가상자산 광풍의 배경은 다른 자산들과 함께 살펴보면 더 쉽게 이해할 수 있다. 코인 광풍이 일어난 2021년은 전 세계적으로 코로나19 팬데믹으로 경제적인 위기를 겪던 때다. 위기는 약자에게 더 치명적인 법이다. 자영업을 시작한 청년들은 대출금을 갚지도 못한 채 폐업 조치했고, 중소기업 직원은 월급을 제때 받지 못해 아르바이트를 병행해야 했다. 기업들도 갑작스러운 변화에 채용을 줄였다. 생활고를 겪는 저소득 젊은 층이 늘어났다.

경기침체가 우려되자 정부는 서둘러 부양책을 꺼내 들었다. 국내

에선 한국은행을 비롯해 글로벌 중앙은행이 쓴 카드는 '금리인하'였다. 기준금리를 역대 최저 수준까지 인위적으로 낮추는 방식으로 시중에 유동성을 늘렸다. 생활고를 겪는 기업과 가계도 부담 없이 대출받아 활발히 움직이도록 유도하기 위한 전략이었다. 이는 코로나19로 경색될 수 있던 경기를 가까스로 살리는 역할을 했지만, 엄청난 부작용도 낳았다. 바로 역대급 양극화다. 저금리에 유동성이 커지자, 투자금이 몰린 곳에서 자산 가격이 급등했고, 이를 활용한 경우와 그렇지 않은 경우의 자산 격차가 크게 벌어졌다.

그 출발은 대한민국 국민이 가장 좋아하는 '부동산'이었다. 빚내서 부동산을 사려는 이들이 늘어났고, 그 투자수요에 힘입어 집값이 유례없이 크게 뛰었다. 이를 기회로 삼아 부동산을 사고팔던 투자자는 큰 투자금 없이도 레버리지를 활용해 큰 시세차익을 얻었다. 하지만 이 같은 경제 변화에 둔감했던 젊은 세대는 최대한 코로나19 속에서도 근로소득을 확대하고 절약하는 데에만 집중했다. 시중에 유동성이 불어난 것은 반대로 화폐가치가 떨어졌다는 것을 의미한다. '빚내서 투자'를 하지 않고 가만히 있는 게 바보가 되는 세상이었다. 가만히 있으면 화폐가치 하락에 따라 자산을 잃고 있는 격이 되고 있었다.

뒤늦게 부동산 상승기를 보고 뒤따라 투자에 돌입한 이들도 있었지만, 이는 쉬운 일이 아니었다. 부동산 투자를 하려면 최소한 시드머니로 수천만원이 필요하고, 대출을 받으려 해도 안정된 직장이 없다면 쉽지 않기 때문이다. 젊은 세대도 열심히 노력하면 집을 살수 있다지만, 다른 자산에 비해 그 허들이 낮지는 않다. 게다가 현재 시장 분위기에서 '부동산으로 돈을 벌 수 있다'는 것을 알아차린 것은 집값이 이미 '상투(가치 대비 고점으로 여겨지는 지점)'에 이른 상태기도 했다. 고민하는 사이 빚내서 부동산에 투자한 이들로 집값이 크게 오른 뒤였다. 지금 들어가면 '막차'이자 고점이란 말이 곳곳에서 나왔다. 결국 청년들은 부동산에서 눈을 돌릴 수밖에 없었다.

눈을 돌린 곳에 '주식시장'이 있었다. 주식시장 역시 초저금리에 힘입어 유례없는 활황세를 맞았다. 종합주가지수라 불리는 코스피는 2020년 5월 코로나19 쇼크로 바닥을 쳤지만, 국내 개인투자자(개미)들의 수요에 힘입어 반등했다. 이 때 시장상황을 주식 역사에 한 획을 그은 '동학개미 운동'이라 부른다. 이 같은 가격 오름세를 보고 또 뒤따라 들어간 젊은 세대가 속출했다. 그러잖아도 부동산으로 자산을 늘리는 것도, 내 살 집 하나 마련하는 것도 포기했는데 주식이란 희망이 등장한 것이다. 코스피 지수는 이듬해 6월 역대 최고치인 3300 턱밑까지 올랐다. 부동산에 좌절한 젊은 세대는 주식시장으로 눈을 돌렸고, 저금리에 빚내서 만든 투자금은 주식시장으로 흘러갔다. 부동산에서 주식으로 자금이 이동하는 '머니 무브(money move)' 현상이 나타났다.

이익을 거둔 타인을 보고 뒤따라가면 늦는 법이다. 실제로 이때 눈을 돌린 초보 투자자들은 큰 이익을 거두기 어려웠을 것으로 예상된다. 코스피 역시 2021년 6월 역대 최고치를 찍은 뒤 다시 하락세로 전환했다. 상승장이라도 비싸게 산 주식으로는 시세차익을 내기 힘들다. 결국 부동산에서 막차를 타거나, 혹은 그마저도 놓쳐 주식시장으로 뒤늦게 돌아선 초보 투자자들은 웬만하면 돈 벌 수 있다던 당시 주식시장에서도 고전을 면치 못했다.

청년들의 자괴감은 보고서에도 나타난다. 신한은행이 발간한 '2021 보통사람 금융생활 보고서'에 따르면 현재 30대 기혼자는 10년 뒤 자산이 지금보다 2배 늘기를 희망하지만, 현재와 별 차이가 없을 것으로 여겼다. 20~34세 미혼자들은 본인 소득을 평균 이하로 인식하며 저축도 못 한다고 응답했다. 그때 크게 오르던 가상자산은 부동산과 주식 모두 실패한 젊은 초보 투자자에게 마지막 희망으로 다가왔다. 마침, 오르기 시작한 코인은 희망으로 느껴졌을 것이다. 머니 무브는 그렇게 부동산에서 주식, 다시 코인으로 이어진 것으로 분석된다.

계층 뛰어넘으려는 희망 '김치 프리미엄'

저금리에 코인 열풍은 전 세계적으로 불어왔는데, 유독 한국에서 더욱더 관심이 높았던 것으로 보인다. 이를 보여주는 용어가 '김치 프리미엄(김프)'이다. 김치 프리미엄이란 한국을 대표하는 '김치'에 '프리미엄'을 합친 말로, 같은 코인도 한국에서 더 비싼 현상을 가리킨다. 즉 해외 거래소보다 국내 거래소에서 비트코인 등이 더 비싸게 거래된 현상을 말하는데, 그만큼 국내 거래소에서 수요가 해외거래소보다 더 많았다는 것을 보여준다.

즉 국내 젊은 층이 코로나19 시기에 유독 자산 불리기에 관심이 많았고, 그 방법으로 코인을 택했다는 것을 알 수 있다. 20대에는 가진 시드머니가 많지 않아 자산을 당장 불리기보다 자신의 커리어를 쌓거나 진로를 고민하는 것에 더 집중하기 마련이다. 유독 국내 청년들이 이 시기에 코인 투자에 관심을 가진 배경은 무엇일까.

그 이유를 사람인의 설문조사 응답에서 유추해 볼 수 있겠다. 사람인이 직장인을 대상으로 설문 조사한 결과에 따르면 가상자산에 투자하는 이유 1위로 '월급만으론 목돈 마련이 어렵다(53%)'가 꼽혔다. 대학생들은 가상자산 투자를 긍정적으로 보는 이유 중 하나로 '계층을 뛰어넘을 수 있는 마지막 기회'라고 봤다.

코로나19에 역대급 저금리는 역대급 양극화를 낳았다. 저금리에 대출받아 집을 산 내 친구는 수억원의 시세차익을 얻은 반면 나는 전세 사기의 덫에 걸려 월세를 전전하고, 오르지 않는 월급을 쪼개 주식을 하다 더 큰 한 방을 노리며 코인까지 흘러온 것이다. 그렇지만 이미 남들 돈 버는 것을 보고 뒤따라 들어온 투자에서 희망을 찾기는 어려운 법이다. 나보다 몇 개월 더 빠르게 몇 개월 움직인 내 친구와 자산 격차는 수억원에서 수십억원까지 벌어지는 모습을 목격하며 초조함은 극대화되었다.

당시 통계에서도 양극화는 확대된 것으로 나타났다. 코인 광풍이 불어닥친 2021년 빈부격차는 악화되었다. 20~30대의 평균 자산은 저금리에 유동성이 확대되면서 전체적으로 불어났지만, 그 격차는 커졌다. 김회재 더불어민주당 의원이 통계청 가계금융복지조사 마이크로데이터를 분석한 결과에 따르면 2021년 20~30대 가구주의 평균 자산은 3억5651만원으로 전년(3억1849만원) 대비 약 3800만원이 증가했다. 하지만 평균 자산 상위 20%(9억8000만원)는 하위 20%(2784만원)과 무려 35.27배 차이났다. 하위 20%의 평균 자산은 1년 만에 311만원 늘어났지만, 상위 20%의 자산은 같은 기간 1억1141만원 급등했다. 아무리 열심히 직장생활을 하더라도 이 격차는 좁힐 수 없다는 절망감이 코인에 투영된 것은 아닐까.

파산하거나 짠테크로 돌아서거나

직장 월급만으로 양극화를 넘어설 수 없다는 절망으로 시작된 코인 투자는 결국 코인 가격 폭락과 함께 끝났다. 지난 2021년 가상자산 시장은 그 어느 때보다 큰 상승장을 맞았지만, 크게 오른 만큼 큰 하락장을 맞이했다. 역대급 최저금리에 따른 유동성의 힘으로 오른 만큼 다시 기준금리 상승세에 따른 하락세는 어느 정도 예상 가능한 수준이었지만, 두 번의 대형 코인 스캔들까지 겹치며 그 폭과 속도는 예상보다 더 빠르게 진행되었다.

상승 기대감에 부풀었던 투자자들에게 하락장은 믿기 힘든 현실이었다. 특히 코인 스캔들에 휘말려 투자금을 회수하지 못한 이들은 손실은 물론이고 대출금도 갚기 어려워지면서 파산에 이르렀다. '코인 광풍'이 불어닥친 이듬해 개인파산을 신청한 이들이 늘어난 이유다. 서울회생법원에 따르면 과거에 개인파산을 신청했던 사람이 다시 파산을 신청한 비율은 지난 2022년 6.5%를 기록했다.

이는 통계가 작성된 이래 최고치다. 개인파산 사유를 살펴보면 투자 실패가 이전보다 늘었다. 파산 사유로 사기 피해를 입어 투자에 실패했다고 응답한 비율이 같은 기간 2.1%에서 11.3%로 늘어났다. 같은 기간 생활비 지출 증가나 실질소득 감소로 인한 파산 신청 비중이 줄어든 것과 대조적이다. 개인회생을 신청한 사람 중 20대 비중은 2020년 10.7%, 2021년 14.1%, 지난해 15.2%로 꾸준히 증가하고 있다.

코인의 상장 폐지도 속출했다. FIU에 따르면 2022년 하반기 6개월간 74건의 코인이 상장했지만, 거래가 중단(상장 폐지)된 코인은 그보다 더 많은 78건에 달했다. 유의 종목으로 지정된 코인도 109건이나 되었다. 가상자산사업자가 코인을 상장 폐지한 이유로는 프로젝트 위험이 50%로 1위를 차지했다. 이밖에 투자자를 보호하기 위해서(22%), 시장위험(22%) 등으로 조사되었다. 이에 투자 규모도 크게 줄었다. 빗썸에 따르면 그해 12월 전 세계 코인 시가총액은 1조 달러 밑으로 떨어진다. 고점 대비 절반으로 줄어든 것이다. 즉 코인 열풍이 한참 불 때 투자를 시작한 코린이 중에 매도 타이밍을 놓쳤다면 1년 만에 투자금의 절반 이상을 잃었을 것으로 추정된다.

이런 하락장에 투자자들은 무엇을 선택했을까. 코인 시장을 떠나는 것을 선택했다. 2022년 하반기 하락장에 코린이들이 이탈한 것으로 나타났다. FIU에 따르면 2022년 말 기준 거래 가능 이용자 계정은 627만명으로 6개월 만에 63만명(9%)이 감소했다. 남아있는 투자자들도 거래액을 줄였다. 같은 기간 총 거래금액은 545조원으로 하루 평균 3조원이 거래된 것으로 집계되었다. 6개월 만에 2조 3000억원(43%)나 줄었다.

투자 규모를 줄이는 데 그치지 않고, 가상자산에 회의적으로 돌아섰을 것으로 추정된다. 이때를 기점으로 초보 투자자 사이에 유행하는 재테크 방식이 변한 것에 주목된다. 그동안 저금리의 유동성을 이용해 레버리지를 일으켜 투자하던 방식에서, 직장 월급을 최대한 아끼고 쪼개 모으는 것으로 바뀌었다. 부동산과 주식으로 생긴 양극화를 레버리지까지 감행하며 코인으로 메우려 했던 초보 투자자들은 파산이란 결과를 마주하게 됐고, 다시는 코인 따위는 쳐다도 보지 않겠다고 다짐했으리라. 코인 같은 도박은 쳐다도 보지 않겠다며 생각해 낸 것이 코인의 가장 극단에 있는 '짠테크' 아니었을까. 실제로 지난 2022년부터 메신저 오픈채팅방에서 하루에 얼마를 아끼며 살았는지, 얼마나 검소하게 지출을 줄였는지 인증하는 이들이 늘어났다. 물론 지출을 줄이며 절약하는 것이 재테크의 기본이다. 하지만 마치 '여우의 신포도' 마냥 가상자산 투자에 실패하니 원래 관심 없었던 듯 짠테크로 돌아선 것 아니었을까.

코인 자가 테스트

TEST LEVEL _ 1 (각 1점씩)

☐ 1. 코인 정보 플랫폼 코인게코, 코인마켓캡, 인베스팅닷컴,

　　블룸버그 crypto 등 정보채널 3개 이상 즐겨찾기하고 있다.

☐ 2. 코인 투자에 앞서 해당 백서를 찾아 읽은 적 있다.

☐ 3. 투자를 위해 경제신문을 매일 1개 이상을 정독한다.

☐ 4. 가상자산 계좌를 만든 지 3년 이상 되었다.

☐ 5. 코인 2종 이상 보유하고 있다.

☐ 6. 글로벌 코인부자의 성공 사례를 3개 이상 알고 있다.

☐ 7. 비트코인의 창시자가 누구인지, 그 탄생 배경도 알고 있다.

☐ 8. 대표적인 코인 비트코인과 이더리움의 탄생 목적의 차이를 알고 있다.

☐ 9. 김치 프리미엄이 무엇인지, '김프'가 끼었을 때 시장 상황을 이해한다.

☐ 10. 2024년 노벨경제학상 후보자 중 하나로 거론됐던 가상업계 인물이

　　누구인지 안다.

≫ 나는 코인 기초를 얼마나 알고 있을지, 자가 테스트를 해보세요.

TEST LEUEL _ 2 (각 1.5점씩)

☐ 1. 가장 최근 비트코인 반감기가 언제였는지 안다.

☐ 2. 코인의 기반이 되는 블록체인 기술이 무엇인지 대략 설명할 수 있다.

☐ 3. 국내 3대 거래소, 글로벌 3대 거래소를 꼽을 수 있다.

☐ 4. NFT에 투자한 적 있다.

☐ 5. 최근 유행한 밈 코인 3종을 댈 수 있다.

☐ 6. 코인 시장을 들썩이는 화제의 인물 세 명을 안다.

☐ 7. 앞서 가상화폐 가격이 크게 오른 두 번의 시기를 짚을 수 있다.

☐ 8. 역대 비트코인 최고가가 얼마인지 안다.

☐ 9. 코인 스캔들과 리스크 우려에 코인을 상장하거나 투자한 기업 혹은
    채굴업체 등에 대신 투자한 적 있다.

☐ 10. CBDC가 무엇인지, 현재 개발 중인 국가는 어디인지 안다.

TEST LEVEL _ 3 (각 2점씩)

☐ 1. 비트코인 현물 ETF를 승인한 국가를 알고 있다.

☐ 2. 2023년 코인 가격이 급락한 원인을 하나 이상 들 수 있다.

☐ 3. 비트코인이 9월만 되면 하락하는 '하락 징크스'를 알고 있다.

☐ 4. 송금 정보 기록제를 이해하고 있다.

☐ 5. 현재 시가총액 1~10위 코인을 댈 수 있다.

☐ 6. IPO와 ICO의 차이를 안다.

☐ 7. 투자에 앞서 공포 탐욕 지수나 비트코인 바이낸스,

　　고래의 움직임 등을 확인한 적 있다.

☐ 8. 코인 지갑인 핫월렛과 콜드월렛의 차이를 구분한다.

☐ 9. 부동산이나 미술품, 음악 저작권 등 실물 자산을 토큰화하는

　　RWA코인의 거래를 시도해 본 적 있다.

☐ 10. 코인을 결제 시스템으로 도입하거나 도입 예정인 기업을

　　한 곳 이상 알고 있다.

0~9 '묻지마 투자'는 금물

: 그동안 묻지마 투자를 한 것은 아닌가요.

코인 광풍에 그저 추격 매수한 것은 아닌지 돌아보세요.

10~19 '관심이 곧 시작'

: 시작이 곧 반이라고 하죠.

이번 기회에 코인의 잠재력을 한 번 알아보는 건 어떨까요

20~29 '흔들리지 않고 꾸준히'

: 관심 두고 공부하고 있지만 시장 움직임에 아직도 반신반의하나요.

이제 조금 더 속도를 내보는 건 어떨까요.

30~39 '기회는 당신의 것'

: 이미 상당한 실력을 갖췄네요. 미지의 영역까지 도전해 보는 건 어떨까요.

40점 이상 '이미 당신은 전문가'

: 이미 관심도 실력도 전문가네요. 당신의 투자를 응원합니다

내가 잃을 때
부자가 된
이들이 있었다

- 폭락장에 모두가 잃은 것은 아니다 -

청년 부자들은
하락장에 왜 자취를 감췄나

    한참 가상자산이 상승세를 타고 있을 때 코인으로 수십억 부자가 되었다는 청년 부자들 여럿이 유튜브와 서점가를 줄줄이 달궜다. 당시 코인 투자로 돈을 번 이들 청년 부자가 운영하는 유튜브 채널은 높은 조회수를 자랑했고, 성공담을 엮어 낸 투자 서적도 불티나게 팔렸다. 재테크 투자 서적의 베스트셀러 상위권을 차지하던 부동산과 주식이 코인에 자리를 내어줬을 정도다.

    A씨도 그렇게 스타가 된 청년 코인부자 중 하나였다. A씨는 코인의 잠재력을 일찍이 알아보고 반등이 시작될 무렵 1억원 대출을 받아 코인 투자에 나섰다. 그 결과 수십억원의 시세차익을 거두게 된

다. A씨는 자신의 유튜브 채널을 비롯해 각종 재테크 채널에 자신의 투자법을 소개했다. 그러던 A씨는 하락장 이후 자취를 감춘다. 유튜브 채널도 더 이상 운영하지 않았으며, 재테크 채널 어디에서도 얼굴을 볼 수 없었다. 투자 정보를 공유하지도, 후속 책도 더 이상 나오지 않았다.

그러자 온라인 커뮤니티에서는 A씨 역시 하락장에서 다른 투자자들과 마찬가지로 손실을 꽤 입었을 것이란 소문이 돌았다. "역시 코인 투자자들은 사기꾼이야", "본인도 운이 좋아서 반짝 번 거겠지" 등의 분위기가 형성되었다. 그러다 다시 가상자산 가격이 반등하던 때, A씨를 비롯한 일부 청년 부자들이 조금씩 얼굴을 내비치기 시작했다.

어떻게 된 일일까. 결과적으로 청년 부자들은 큰 하락장으로 전환되기 직전 시장 움직임을 파악하고 적절히 매도를 통해 자산을 지킨 것으로 예상된다. 이에 구독자들이 의심스러운 듯이 하락 시점을 왜 알려주지 않은 채 잠적했는지 묻자 "줄곧 가상자산은 오르는 것만이 아닌 떨어질 수도 있음을 말했지만, 모두가 상승 열풍에만 빠져 내 얘기에는 관심이 없더라"라며 그럼에도 "하락했을 때 실망했을 구독자 반응이 두려웠다"는 말을 남겼다.

실패하는 투자자들은 보고 싶은 것들만 본다. 내가 투자하는 대상의 실체와 이를 둘러싼 환경, 그 본질을 공부하려 하지 않는다.

누군가 돈을 벌었다는 사실, 그 종목 자체에만 몰두하며 사들이는 것에만 집중한다. 리스크나 하락 가능성 등에 외면한다. 결국 가상 자산 자체를 공부한 게 아닌 어떤 종목이 오를지, 어디에 돈 넣으면 돈 벌지에 집중하게 된다. 나는 재테크 공부를 했다고 생각했지만 '묻지마 투자'를 한 것은 아닐지 돌아보자.

진동과 폭락을 구분하는 것이 진짜다

가상자산은 다른 투자자산보다 변동성이 큰 편이다. 변동성이 꽤 큰 편인 주식을 넘어서는 수준이다. FIU에 따르면 2021년 하반기 6개월간 국내에 유통되는 가상자산의 평균 MDD(가상자산 가격 변동성)는 65%에 달했다. 이는 국내 증권시장인 코스피의 4.4배 수준이다. 그렇다 보니 코인 투자에는 웬만한 가격 오르내림에도 의연함이 요구된다. 코스피의 4배 수준의 흔들림은 기본이니, 갑작스러운 하락세에도 '원래 그러려니' 할 수 있어야 한다는 뜻이다.

실제로 코인은 강한 상승장에서도 해외 주요국 금융당국 관계자의 발언이나 코인 업계 거물급 인사의 트윗에도 쉽게 흔들린다. 가령 도지코인의 아버지로 여겨지는 테슬라의 최고경영자(CEO) 일론 머스크가 엑스(당시 트위터)에 올린 코인 관련 멘션에도 가상자산 가격이 요동칠 정도였다. 하지만 대부분이 급등락하다 단기에 회복

되었다. 이 같은 특성을 잘 알지 못하면 매번 갑작스런 급등에 놀라 팔아버리거나, 혹은 오른 것을 보고 매수하는 일이 벌어지게 된다. 혹은 이를 보며 가상자산 시장을 '양치기 소년'으로 치부하게 될 수 있다.

코인의 이런 변동성을 이해하는 것은 중요하다. 과연 지금 흔들림이 변동성에 따른 진동의 수준인지, 아니면 정말 가격 하락세로 이어질 충격의 수준인지 구분할 수 있어야 한다. 그러려면 평소에 코인 시장에 일희일비하는 것이 아닌, 큰 그림에서 잘 관찰하는 연습이 선행돼야 한다. 부자들은 그동안 가상자산 시장을 꾸준히 관찰해 왔다. 그 결과 단순 변동성에 따른 움직임인지, 혹은 실체가 있는 오르내림인지 구분하는 눈을 갖게 되었다. 아무 때나 일희일비하며 약간의 흔들림에 사고팔지 않는 의연함이 있다.

가령 이번 2021년 큰 상승장에 이어진 폭락은 크게 두 가지에서 기인한다. 하나는 미 연방준비제도(Fed)를 비롯한 글로벌 중앙은행에서 금리 기조를 바꾼 것, 다른 하나는 루나-테라의 몰락과 FTX 파산까지 연이은 코인 스캔들이 터진 것이다. 물론 부자들도 연이은 코인 스캔들을 간파하지 못해 손실을 볼 수 있다. 사기는 그야말로 사기다 보니 복잡다단하게 얽혀 전문가라 하더라도 그 위험성을 미리 간파하기 어렵다. 사기로 인한 피해는 차치하더라도, 부자들은 단순 변동성으로 인한 흔들림과 진짜 하락세를 간파하는 눈을 갖고 있다는 점에 주목하자. 물론 하락장이 지나간 뒤 누구나 할 수 있는 말 아니냐고 힐난할지 모르겠다. 하지만 이들은 재테크 유튜버가 찍어주는 종목을 매수하거나, 요즘 가격이 급등한다는 이유만으로 추격 매수하지 않는다.

고래들은 위기에서 기회를 본다

주식 시장에서 큰손이 기관투자자라면 가상자산의 큰손은 '고래'다. 고래들의 판단이 무조건 옳다는 것은 아니다. 이들 역시 오판할 수 있는 데다, 개인투자자들을 자신의 투자에 유리하게 이용할 때도 있다. 그럼에도 이들의 투자 패턴을 관찰하는 것은 시장을 이해하는 데 도움이 된다. 우선 큰손답게 이들이 한 번 매매할 때마다 가격이 출렁이기 때문에 이들의 움직임은 시장에 영향을 미친다는 점에서다. 이에 고래의 보유량 증가는 가격 상승을 예견하는 요소로 알려졌다. 대표적으로 웨일얼럿(Whale Alert)이 있다. 웨일얼럿은 비트코인을 포함한 여러 블록체인의 대규모 거래를 실시간으로 추적한다. 즉 비트코인이나 다른 알트코인의 대량 거래를 웨일얼럿을 살피면 알 수 있다. 특히 유통량이 상대적으로 적은 알트코인이라면 고래 매수세에 더 큰 영향을 받기에 고래의 움직임을 살피면 도움이 된다.

두 번째로는 고래의 매수세에는 무엇이 됐던 이유가 있기 때문이다. 그 배경을 분석하는 것도 공부에 도움이 된다. 특히 이들의 선택이 일반 투자자들과 상반됐을 때 더욱 그렇다. 가령 블렉먼데이가 몰아쳤던 2024년 8월5일 전 세계 자산시장이 폭락했다. 코스피와 코스닥에서 사이드카가 발동하고 일본과 대만 주식시장은 사상 최대 하락 폭을 기록했다. 미 증시에서 M7(매그니피센트7) 테크기업(거대 기술기업)의 시가총액 870조원이 사라졌다. 비트코인도 큰 폭으로 하락하며 한때 5만 달러 아래에서 거래됐을 정도다. 세계 각국의 투자자들은 금융시장 급락에 놀라며 매도 버튼을 둘렀지만, 고래들은 달랐다.

가상자산 분석업체 인투더블록(IntoTheBlock)은 그날 급락장에서 1000개 이상의 비트코인을 보유한 지갑들의 보유량을 크게 늘렸지만 1개 미만의 비트코인을 보유한 지갑들의 보유량은 심하게 감소했다는 분석을 내놨다. 미 투자은행 JP모건(제이피모건자산운용)도 이틀 뒤 보고서에서 비트코인 가격이 반등한 배경으로 기관투자자들이 매집했기 때문이라고 분석했다. 개인투자자들이 두려움에 떨던 때 큰손들은 오히려 투자에 돌입한 셈이다.

그렇다면 고래들은 어떤 코인을 매수했을지 살펴보자. 2024년 상반기 고래들이 집중적으로 매수한 코인은 비트코인(BTC), 이더리움(ETH), 유니스왑(UNI), 도지코인(DOGE) 순이다. 비트코인은 부동의 1위를 차지하며 여전히 고래들이 사랑하는 암호화폐임을 증명했다. 헨리앤파트너스의 '암호화폐 재산 보고서 2024(Henley & Partners의 Crypto Wealth Report 2024)'에 따르면 비트코인 백만장자의 수는 111% 증가한 85,400명에 달했다. 이더리움은 미국 내 이더리움 현물 ETF에 대한 기대감에 고래들의 매수세로 이어진 것으로 분석했다. 디파이(DeFi) 플랫폼의 거버넌스 토큰 유니스왑도 대거 매수한 것으로 나타났다. 인투더블록(IntoTheBlock) 데이터에 따르면 2024년 7월 16일에는 고래투자자들이 630만 UNI를 사들였다. 도지코인은 꾸준한 밈코인의 인기의 힘입어 많은 고래투자자의 지갑으로 들어갔다. 암호화폐 분석 플랫폼 샌티먼트(Santiment)는 도지코인을 보유한 지갑의 수가 1000만개에서 10억개로 증가했다고 밝혔다.

고래투자자들은 빠르게 시장의 트렌드를 읽으며 이슈가 되는 코인들을 매수한 것으로 보인다. 이처럼 부자들은 끊임없이 기회를 살핀다. 코인 가격 급락에 놀라기보다 앞선 코인 광풍과 같은 또 다른 반등의 기회가 되지는 않을지 끊임없이 살핀다.

상위 1%는 코인보다 부동산을 산다고?

이처럼 코인부자들을 언급하면 꼭 듣는 말이 있다. 바로 우리나라 상위 1% 부자들은 코인이 아닌, 부동산에 투자한다는 말이다. 투자를 잘 모르는 사람들도 우리나라 부자들은 강남 빌딩을 몇 채 보유한 건물주라거나 개발 이슈에 땅값이 오르면서 돈을 번 사례가 떠오를 것이다. 게다가 코인이 크게 오른 만큼 크게 떨어질 수 있다는 사실을 외면하다 놀란 코린이라면, 역시 부자들의 투자는 부동산이구나 싶을 수 있다. 부동산은 하락하더라도 주식이나 코인처럼 상장 폐지되며 '휴지 조각'이 되는 일은 없다는 말까지 덧붙이면서 말이다. 역시 한 치 앞도 보지 못하는 투자시장에서 안정적인 부동산이 최고란 '부동산 불패 신화'가 굳건해지는 것 같다.

그럼에도 우리에게 왜 '찐 부자들'처럼 부동산이 아닌 코인에 주목해야 하는지 살펴보자. 실제로 우리나라 부자들은 부동산에 주로 투자한다. KB금융그룹이 발표한 '2023 한국 부자 보고서'에 따르면 한국 부자들은 기본적으로 부동산 부자이며, 그 다음으론 금융자산으로 부를 늘리는 것으로 나타났다. 이상적인 투자로도 부동산을 가장 많이 꼽았다. 2023년 한국 부자 45만6000명(0.89%)을 대상으로 총자산 포트폴리오를 살펴본 결과, 부동산 56.2%, 금융 37.9%로 구성되었다. 이들이 전망한 고수익 투자처도 대체로 부동산과 주식 등에 집중되었다. 관심 투자처로 주택과 빌딩, 토지 등 부동산과 주식, 금 등을 꼽았다. 2022년 보고서에 따르면 금융자산 10억원 이상을 보유한 부자 10명 중 8명은 디지털자산 투자 경험이 없는 것으로 나타났다. 이들이 꼽는 실질적인 부자 기준인 총자산 100억원 이상을 대상으로 살펴본 결과, 81.5%가 디지털 자산에

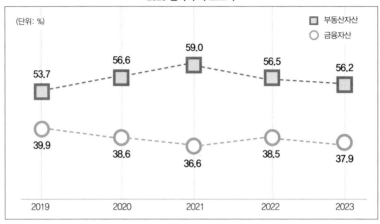

2023 한국 부자 보고서

(단위: %)

부동산자산
금융자산

	2019	2020	2021	2022	2023
부동산자산	53.7	56.6	59.0	56.5	56.2
금융자산	39.9	38.6	36.6	38.5	37.9

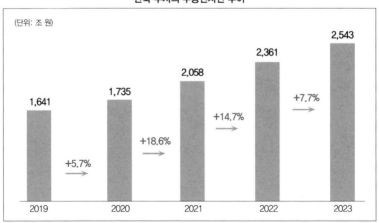

한국 부자의 부동산자산 추이

(단위: 조 원)

2019	2020	2021	2022	2023
1,641	1,735	2,058	2,361	2,543
	+5.7%	+18.6%	+14.7%	+7.7%

출처/KB금융그룹

투자한 경험이 없는 것으로 조사되었다.

이를 보면 코인이 아니라 부동산 투자가 부자로 가는 길이란 확신이 들게 된다. 하지만 부자들을 구분해 분석할 필요가 있다. 우리나라 부자는 크게 두 유형으로 나뉜다. 하나는 이미 부모에게서 부를 물려받은 '금수저형', 다른 하나는 스스로 부를 일군 뒤 재테크로 불린 '자수성가형'이다. 언뜻 생각하기엔 '금수저형'이 많을 것 같지만 그렇지 않다. KB 한국 부자 보고서에 따르면 자수성가형 부자는 2011년 전체 부자의 32.3%에서 2023년 42.3%로 증가했다. 같은 기간 금수저형 부자가 13.7%에서 20.0% 증가한 것보다 많다. 다만 금수저형이 더 많다고 느끼는 이유는 이들이 30~40대에 몰렸기 때문이다. 젊은 부자들이 선망의 대상으로 미디어에서 주목받다 보니 착시를 일으키기 쉽다. 실제로 30대에 부자로 진입한 경우는 금수저형(15.0%)이 자수성가형(3.6%)보다 5배 가까이 많았다.

두 유형은 모두 부자라는 점은 같지만 투자 성향에서 차이를 보였다. 자수성가형 부자는 공격적인 성향의 금융 투자를, 금수저형은 상대적으로 변동성이 낮고 안정적인 성향의 부동산투자를 좀 더 유망하게 보는 것으로 나타났다.

그 배경은 투자의 원천이 되는 종잣돈을 어떻게 마련했는지에서 찾을 수 있다. 금수저형은 종잣돈으로 부모에게서 부동산을 가장 많이 상속받는다. 국세청이 발간한 2022년 국세연보에 따르면 상속재산가액의 52.4%, 증여재산가액의 50.9%가 부동산이었다. 부모에게서 부동산을 물려받은 뒤 안정성을 위해 여기에서 추가로 부동산을 굴리는 것으로도 해석된다. 반면 자수성가형 부자는 일정 종잣돈을 마련하기까지 사업체에서 수익을 만든 것으로 분석된다. 자수성가형은 '사업체 운영자'(66.9%)가 금수저형(47.5%)에 비해 높은 비중을 차지했다. 즉 자수성가형은 작은 규모로도 투자가 가능하지만 사업 방식과 마찬가지로 공격적인 방식인 금융상품에, 금수저형은 이미 가진 큰 시드머니로 부모의 성공을 답습하는 부동산을 활용한 것으로 풀이된다.

게다가 부동산에 투자했다고 모두가 수익을 낸 것은 아니란 점도 주목해야 한다. 최근 금리가 인상되면서 투자에서 손실 본 일반 투자자들이 많지만, 이는 부자들도 마찬가지다. 2023년 한국 부자들은 부동산 투자에서는 수익보다는 손실을 더 본 반면, 금융투자에서는 손실보다 수익을 본 경우가 더 많았다. 부동산 투자에서는 거주용 부동산에서 수익을 경험한 경우가 18.5%로 2022년(42.5%)보다 줄었다. 반면 손실을 경험한 경우는 8.5%로 2022년(1.5%)보다 늘었다. 물론 수익 경험이 손실보다 크지만, 주택 가격 하락의 영향으로 수익 경험이 크게 줄어들면서 이전보다 부자들 사이에서도 부동산 투자 매력도가 감소한 것을 확인할 수 있다.

시드가 없다면 '1%'와 달라야 한다

그럼에도 부동산은 물론 매력적인 투자처다. 수요가 굳건한 부동산은 하락장에서도 크게 흔들리지 않고, 하락하는가 싶다가도 다시 반등한다. 무엇보다 부동산은 주식이나 코인 등 금융자산과 달리 '마이너스'가 되는 일이 없다. 상장 폐지로 휴지 조각이 되면서 가진 돈을 모두 날릴 위험도 없다. 금융 투자자산과 달리 토지와 건물이란 유형자산이 남기 때문이다. 그동안 '집 없는 설움'을 겪었던 우리 부모 세대들에게는 "손실 나면 내가 들어가서 살면 되지"하며 든든한 투자처가 되었다. 이처럼 한국인이 가장 좋아하는 투자처가 부동산일 수밖에 없는 이유는 '안정성'에 있다.

그럼에도 왜 코인일까. 우선 일반인들의 투자는 '금수저형'보다 '자수성가형' 방식이 돼야 한다. 안정적인 부동산이 더 매력적인 것처럼 보일 수 있겠지만, 안정적인 것과 수익성은 다른 문제이기 때문이다. 즉 강남 아파트가 평당 1억원을 돌파했으니, 나에게도 가장 좋은 투자처인가와는 별개란 뜻이다. 부동산은 앞서 '금수저형' 부자가 선호했던 것처럼 일정 규모 이상의 시드머니가 있을 때 빛을 발한다. 시드머니가 충분치 않은 일반인에게 투자하기까지 종잣돈 마련에 시간이 많이 필요하고, 한 번 투자에 전 재산을 걸어야 하는 리스크가 생긴다. 심지어 마련한 그 종잣돈으로도 부족해 레버리지도 많이 끌어 써야 한다. 금융시장 변동성이 큰 시점에서 일반 초보 투자자에게는 리스크로 작용할 여지가 크다. 실제로 '영끌 (영혼까지 끌어모아)' 부동산에 투자한 사람 중 부를 거둔 사람도 있지만 집값 하락과 함께 빚까지 갚느라 허덕이는 이들도 상당하다.

반면 시드머니가 충분치 않은 일반인 투자자들에게 코인처럼 투자하기에 부담이 없는 투자 대상이 없다. 코인은 주식·펀드 등 금융자산이나 전통적인 투자 대상인 부동산을 능가하는 장점을 두루 갖고 있다. 우선 적은 돈으로 투자가 가능하다는 점이다. FIU 조사에 따르면 1인당 투자액 대부분이 100만원의 소액인 것처럼, 아르바이트로 번 돈부터 주식과 부동산 투자를 하고 남은 여윳돈까지 소액으로도 부담 없이 도전할 수 있다. 비트코인 개당 가격이 수천만원에서 1억원까지 넘어섰지만, 소수점으로도 쪼개어 거래가 가능하기 때문이다. 최소 수천만원의 시드머니를 기반으로 막대한 레버리지를 일으켜야 하는 부동산보다 적은 돈으로도 투자할 수 있다는 점에서 접근성이 좋다.

심지어 거래도 편리하고 자유롭다. 시간적 여유가 많지 않은 사회 초년생에게 어디서든 휴대전화 버튼만 누르면 사고팔 수 있는 가상자산은 바쁜 직장 생활에도 손쉽게 투자할 수 있는 기회를 제공한다. 정규장 매매 시간이 제한된 주식 투자와 달리 24시간 거래할 수 있다. 한참 근무해야 하는 오전 9시부터 오후 3시에 상사의 눈치를 보며 차트를 볼 필요도 없고, 부동산처럼 한 건 거래에 최소

3개월은 걸리는 긴 시간을 마음 졸이며 기다릴 필요도 없다. 즉 돈과 시간의 여유가 없는 젊은 투자자에게 국내 투자시장에서 가상자산보다 더 편리한 투자처는 없다. 주식에 있는 상한과 하한 30% 가격변동 제한도 없다. 변동성이 커질 수 있어 투자 위험성이 우려될 수 있지만 이제 시작하는 젊은 세대 입장에서는 금수저형이 아닌 자수성가형처럼 조금 더 공격적으로 투자에 임한다는 점에서 적은 시드머니로 더 높은 수익률을 기대할 수 있다.

삼성전자 부자처럼 코인을 사 모아라

그럼에도 코인의 변동성은 가장 큰 리스크일 수밖에 없다. 하루에도 몇 번이나 크게 오르고 떨어지다 보니 '도박'이자 '운'으로 치부하기 쉽다. 하지만 삼성전자가 9만원대를 갔다가 다시 떨어졌다고 의미 없는 주식이 아니듯, 코인도 단기적인 시각이 아닌 중장기적인 시각에서 바라보는 것은 어떨까. 실제로 일정 기간을 두고 보면 코인은 크게 오르내리는 도박 같은 존재이지만, 탄생부터 지금까지 보면 꾸준히 우상향 그래프를 그려왔다. 마치 삼성전자 주식처럼 말이다. 물론 그보다 훨씬 더 드라마틱한 상승세를 보였다.

'강남 아파트가 50억원 돌파했다'는 식의 절대적인 가격이 아닌, 그동안 얼마나 올랐는지 수익성 측면에서 자산을 비교 분석해보자.

코인이 탄생하고 본격 거래되기 시작한 지난 20여 년 부동산과 주식, 코인의 가격 변화를 살펴보려 한다. 물론 각자의 성격이 달라 단순 비교하는 것에는 무리가 있지만 일반 투자자들이 가지고 있는 시드머니로 자산을 가장 크게 불릴 수 있는 대상은 무엇일지 가늠해 볼 수 있다.

1세대 가상화폐 비트코인이 2009년 탈중앙화 화폐를 기치로 탄생한 뒤 이듬해 첫 거래가 이뤄지고 2014년이 되고 나서야 개당 100달러를 넘어선다. 이후 10년이 지난 2024년 초 최고 7만2000만 달러까지 약 720배 오르게 된다. 비트코인 초창기 그 잠재력을 알아본 투자자는 10여 년 만에 7만1900% 수익률을 거둔 셈이다. 같은 기간 다른 자산에 투자한 이들은 어떻게 됐을까. 비교적 코인과 비슷한 금융자산인 주식에 투자한 경우를 살펴보자. 지난 2014년 코스피 대장주 삼성전자에 투자했다면 얼마를 벌었을까. 10년 전 주당 2만5000원 하던 삼성전자는 한때 9만원까지 오르기도 했지만 대체로 7만~8만원 선에서 움직인다. 10년 만에 약 3.2배 뛰었다. 대장주답게 움직임이 무거운 만큼 삼성전자가 아닌 주식시장 전체를 놓고 살펴보더라도, 코인을 따라갈 수 없다. 유가증권시장을 나타내는 코스피 지수도 2014년 말 1800에서 2024년 2600으로 올랐으니, 약 2배 오른 셈이다.

우리나라 국민들이 제일 좋아하는 전통적인 투자자산 부동산은

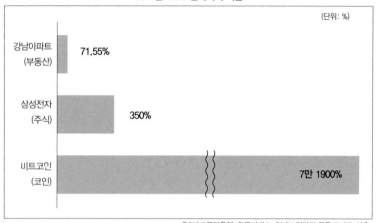

2014년~2024년까지 수익률

(단위: %)

강남아파트
(부동산)   71.55%

삼성전자
(주식)   350%

비트코인
(코인)   7만 1900%

출처/KB국민은행, 한국거래소, 인베스팅닷컴 등을 토대로 산출

어떨까. 거주의 역할도 하는 데다 레버리지를 필요로 하는 만큼 이
둘과 단순 비교하기는 무리일 수 있지만, 가격 변동만 놓고 비교하
려 한다. 우선 주거용 부동산의 대장주라고 볼 수 있는 강남 아파트
를 살펴보자. KB국민은행이 발표한 주택 가격 통계에 따르면 지난
2014년 초부터 2024년 8월까지 강남 아파트는 평균 71.55% 올랐
다. 이를 포함 같은 기간 '부동산 불패'로 일컬어지는 서울 아파트
는 61.59% 상승했다. 전국 아파트는 31.5% 오르는 데 그쳤다.

단순히 내가 투입한 자금 대비 상승률로만 봤을 때 코인이 그 어
떤 자산보다 가장 많이 올랐다는 것을 알 수 있다. 과거 강남 개발
기에 이를 처음 알아보고 강남에 입성한 이들은 적은 돈으로도 수

십 배 차익을 거두며 강남 부자로 우뚝 섰다. 하지만 이미 강남 아파트는 그때와 달리 일반인들이 적은 시드머니로 범접하기 어려운 수준까지 올랐다. 물론 향후 가치가 얼마나 될 것인지와 관계없이 지금은 아무나 그 가치를 알아본다고 뛰어들기 쉽지 않은 대상이 되었다는 뜻이다. 그보다 주식 대장주는 조금 더 접근이 쉽다. 하지만 삼성전자 역시 과거에 2만원대일 때부터 하나씩 사 모은 이들이 지금 큰 부를 거머쥔 것일 뿐, 삼성전자도 9만원을 터치한 뒤 다시 떨어지기를 반복하며 박스권에 갇혀있다. 과거 강남 아파트가 그랬듯, 삼성전자가 그랬듯, 그 이후 잠재력을 가진 자산은 무엇일지 생각해볼 시점이다. 당신이 금수저형 부자가 아니라 애초에 부모에게서 큰 시드머니를 물려받을 수 없다면, 당신이 자수성가형 부자처럼 기업체를 운영할 수 있는 상황도 아니라면, 당신의 투자는 어떤 방식이 돼야 할지 생각해 보자.

코인 사고팔기는 이렇게

한국에서 코인을 거래하는 과정은 복잡하고 다소 번거로운 과정이 필요하다. 테라-루나 사태, FTX 스캔들이 터지면서 디지털 자산 업계의 신뢰가 하락하자, 정부에서 이용자를 보호하기 위한 절차를 늘렸다. 대표적으로 KYC(고객확인제도)나 트래블(100만원 이상 거래 시 송금인과 수취인의 정보를 확인하는 제도) 룰 같은 엄격한 규정이 도입됐다.

먼저 우리나라에서 암호화폐 거래를 시작하려면 덱스(DEX, 탈중앙화거래소)를 사용할지, 빗썸이나 업비트 같은 국내 중앙화거래소(CEX)를 이용할지를 정해야 한다. 초심자들은 초기 사용 난이도가 높은 덱스보다 비교적 간편하게 쓸 수 있는 중앙화거래소를 선택하는 편이다.

빗썸, 업비트, 코인원 같은 중앙화거래소를 이용하려면 우선 홈페이지에 접속하여 회원 가입을 진행한다. 이메일 주소와 비밀번호를 입력하고, 본인 인증을 위한 이메일 확인 절차를 거친다. 처음에는 인터넷 사이트에 가입하는 것과 다르지 않다.

계정이 생성되면 본인 인증 절차를 통해 자신을 증명해야 한다. 국내 디지털 자산 거래소는 정부 규제에 따라 KYC를 필수적으로 요구하고 있다. 신분증(주민등록증 또는 여권) 정보로 본인 확인을 하고, 본인 소유의 휴대전화로 본인 인증을 마친다.

그 이후부터 번거로운 절차가 본격 시작된다. 원화로 암호화폐를 거래하려면 은행 계좌를 연동해야 한다. 국내에서는 금융위원회 규제에 따라 특정 은행과 연계된 실명 확인 계좌 만으로 입출금을 허용한다. 업비트는 케이뱅크와, 빗썸은 농협은행과 연계돼 있다. 연동된 계좌에 돈을 넣으면 암호화폐를 거래할 수 있다.

은행 계좌 연동이 완료되면 드디어 비트코인, 이더리움 등 원하는 코인을 매수하거나 매도할 수 있다. 거래소의 인터페이스를 활용하면 시장가 또는 지정가로 주문할 수 있다. 거래 수수료는 거래소별로 다르니, 거래 유형과 규모에 맞는 거래소를 찾아 이용하자. 보안 강화를 위해 2단계 인증(2FA)을 설정하는 것도 좋은 방법이다.

중앙화거래소 이용이 익숙해졌다면 덱스로 넘어가도 좋다. 암호화폐의 진정한 매력을 느끼려면 디파이(DeFi, 탈중앙화금융)활용이 필요하다. 디파이는 덱스를 이용해야 한다. 탈중앙화 거래소인 덱스에서 암호화폐를 사고팔기 위해서는 개인지갑(월렛)이 필수적이다. 메타마스크(MetaMask)와 같은 탈중앙화 지갑을 생성하고 이더리움과 같은 기본 암호화폐를 준비해야 한다.

이 방법은 다소 어렵고 복잡하게 느껴질 수 있으니 차근차근 잘 따라해 보자. 메타마스크 같은 탈중앙화된 개인 지갑을 만드는 과정은 간난하지만 주의가 필요하다. 먼저 크롬 웹 브라우저에 메타마스크 확장 프로그램을 설치한다. 설치 후 메타마스크 아이콘을 클릭해 '지갑 생성' 과정을 시작한다. 8자리 이상의 안전한 비밀번호를 설정하고, 12개의 비밀 복구 구문(시드 문구)을 해킹 위험이 없는 안전한 방법으로 저장해야 한다. 이 구문은 지갑 복구에 필요하니 절대 타인에게 공유해서는 안 된다.

비밀 복구 구문을 올바른 순서로 입력하면 지갑 생성이 완료된다. 생성된 지갑은 이더리움 기반의 토큰 거래, NFT 거래, 디파이 서비스 이용 등 다양한 암호화폐 거래에 사용할 수 있다. 지갑 생성 시 피싱 사이트에 노출되지 않도록 항상 공식 메타마스크 사이트를 이용해야 한다.

지갑을 만들었다면 거래소로 가자. 유니스왑(Uniswap)이나 스시스왑(SushiSwap) 같은 탈중앙화 거래소(DEX) 플랫폼에 개인 지갑을 연결한다. 덱스에서는 스마트 콘트랙트(블록체인 기반의 전자계약서비스)를 통해 직접 암호화폐를 교환할 수 있다. 이 과정에서 중개자가 필요없다는 장점이 있지만, 사용자가 전적으로 자산을 관리해야 한다는 번거로움도 따른다. 교환한 화폐는 개인 지갑에 직접 보관되기 때문이다. 보유 코인을 팔 때는 다시 덱스에서 다른 암호화폐나 스테이블코인으로 교환할 수 있다. 필요한 경우, 중앙화거래소에서 법정화폐로 환전하고 출금할 수 있다.

디파이 생태계는 개인의 프라이버시를 지키며 자유롭게 암호화폐를 거래할 수 있다는 것이 최대 장점이다. 하지만 보안에 취약한만큼 더 많은 주의를 기울여야 한다. 또 디파이에서는 유동성을 확대할 자금을 확보하고 대출, 스테이킹 등 다양한 금융 서비스를 이용할 수 있다. 이처럼 단순한 거래를 넘어 더 복잡한 금융 활동이 가능하다.

코인부자는
무엇이 달랐나

-기자들이 분석한 코인부자의 성공 요인-

공대출신 IT전문가,
30대에 2조원 슈퍼리치 되다

IT업계 경험에서 블록체인 잠재력을 보다

A씨는 이제 막 마흔이 되었다. 큰 키에 단정한 외모, 겉으로 보기엔 최고경영자(CEO)라기 보단 노숙한(?) 교수 느낌이 강했다. 그렇지만 그는 우리나라의 베벌리힐스라 불리는 지역 최고급 빌라에 살고 있다. 시가 100억원을 호가하는, 이름만 들어도 알만한 국민 배우들이 산다는 곳이다. 그는 건물도 가진 것으로 알려져 있다. 명품으로 치장하지는 않지만, 사모펀드를 운용하는 친구들과 최고급 호텔에서 자주 가벼운 만남을 가지는데 주저함이 없다. 그는 평범한 세단을 몰지만, 그의 와이프는 슈퍼카를 가지고 있다. 그의 자

산은 정확히 알려진 바는 없지만 1조원이 넘는다는 게 주변의 얘기다. 그는 어떻게 이런 큰돈을 코인으로 벌었을까.

A씨가 처음부터 코인을 잘 알았던 것은 아니다. 그의 사회생활은 IT업계에서 시작되었다. 과학고에 서울대 공대 출신인 이 분야 엘리트답게 외국계와 국내 대기업을 거쳐 창업했다. 하지만 그 아이템이 블록체인이나 코인은 아니었다. 그 당시 적당히 인기를 끄는 그런 종류의 앱 제작사였다. 그랬던 A씨가 코인 업계에 눈을 돌린 것은 불과 7~8년 전이다. IT업계에서 일하던 중 자연스럽게 블록체인 개념을 접하게 되는데, 그러던 중 그의 머리를 스치게 된 게 있었다. 이것이 세상을 바꿀 로직이 될 것이란 생각이었다.

물론 생각이 확신으로 자리 잡기까지 2년여 시간이 걸렸다. 초기에 A씨는 코인을 적극 매수하지도, 그 출발도 비트코인도 아니었다. 그는 대다수 초기 투자자와 마찬가지로 이더리움 소액 투자로 시작했다. 이더리움은 엔지니어 입장에서 그나마 이해하기 쉬운 레이어1(L1,기본 블록체인 레이어) 코인이란 점에서다. 이더리움은 일종의 네트워크를 제공하는 시스템이란 점에서 코인의 개념을 빼면 여러 앱을 구동할 수 있게 만드는 프로그램 정도로 이해할 수 있기 때문이다. 다만 앱 개발자이자 IT사업을 하던 A씨에게 기존에 접하던 시스템과 비교하면 네트워크의 주인이 없다는 점에서 생소하게 느껴졌다. 개발자는 있지만 운영은 각자 알아서 하는 주인없는 구조, 블록체인의 개념은 여기에서 나온다. 여러 대의 컴퓨터가 자기 일을 할 뿐인데, 그것이 하나의 네트워크를 구성하며 아주 큰 프로젝트도 손쉽고 빠르게 처리할 수 있는 시스템 말이다.

그가 블록체인의 진가를 알아볼 수 있었던 비결은 무엇일까. 그가 IT업계에서 기존 시스템을 다루며 느낀 한계를 기반으로 새로운 앱을 개발해온 경험이 밑바탕이 되었다. 그렇기에 한 발 더 나아간 이 시스템의 잠재력과 미래를 간파할 수 있었던 것 아닐까.

게임 아이템 거래하는 '코인'에 주목하다

잠재력을 본다고 모두가 부자가 될 수 있는 것은 아니다. 성공은 기존의 것에 안주하지 않고 새로운 것에 도전할 때 가능해진다. 그는 이미 회사 생활과 앱 개발 사업 등으로 적잖이 자산을 벌어놓은 상황이었다. 게다가 이더리움을 조금씩 사 모으며 자산을 30대치고 꽤 불렸다. 하지만 여기에 안주하지 않고 잠재력을 실현하기 위해 본격 뛰어들았다.

그가 처음 떠올린 방법은 '펀드'였다. 우리가 생각하는 펀드처럼 여러 투자 종목을 담아냈지만, 초기에는 조금 엉성한 모습이었다. 금융당국의 보호와 규제를 받는 제도권 아래 놓인 기존의 펀드와는 다른, 사설 투자자문과 같은 개념이었다. 기존 펀드와 형태가 다르지만 그가 펀드라고 명명한 이유는 당시 투자자들이 코인의 개념을 이해하기 어려워했기 때문이다. 굳이 '코인 투자 펀드'라고 구구절절 설명하기보다 글로벌 IT기업에 투자하는 펀드라는 개념으로 대체하면 투자자들이 더 쉽게 이해할 수 있을 것으로 기대했다

'A씨의 펀드'가 주로 투자한 종목은 게임 및 그래픽 업체였다. 물론 비트코인과 이더리움 등 코인도 직접 투자 바구니에 담았지만 코인을 활용하는 기업에도 주목했다. 주로 생소한 메타버스를 구현하는 외국계 작은 벤처, 그중에서 더욱 관심을 가진 분야는 게임업체였다. 게임에서 쓰이는 코인이 실용성이 있기 때문이다. 온라인 게임에서 아이템을 구매할 때 코인이 화폐로 쓰이며, 코인을 획득하려면 진짜 화폐가 필요하다는 점에 주목했다. 이용자들은 코인의 인플레이션을 막기 위해 무기 아이템을 계속 업그레이드했다.

그의 발상은 두 측면에서 동력을 얻어 소위 대박이 난다. 하나는 게임업체가 선풍적인 인기를 끌며 주가가 폭등한 것이다. 덩달아 여기에서 쓰인 코인이 가상화폐 거래소에 상장되며 가치가 1000배 이상 폭등한다. 게임업체의 주가와 코인의 가격 상승이 시너지를 내며 자산은 폭발적으로 확대되었다. 그는 투자액 100억원으로 시작해 2조원이 넘는 평가이익을 지닌 거부로 성장하게 되었다.

성공만 한 것은 아니다…흔들림 없이 뚜벅뚜벅

그의 일화를 들어보면 줄곧 성공만 한 것 같지만 실패한 적 있다. 지난 코인 광풍 끝에 폭락을 일으킨 '권도형 사태'에서 그도 자유로울 순 없었다. 앞선 펀드가 조기에 청산될 정도로 수익을 올리자, 이번에는 직접 코인 프로젝트에 투자하기로 마음을 먹는다. 그렇게 코인 프로젝트를 둘러보던 중 '스테이블 코인'에서 또 다른 잠재력을 발견한다. 다만 스테이블 코인으로 선택한 첫 코인이 '루나-테라'였을 줄이야.

작정하고 친 사기는 IT업계 엘리트도 코인부자도 피해 갈 수 없었다. '권도형 사태'로 지칭되는 '루나-테라' 사태가 터진 뒤 말 그대로 그가 보유한 해당 코인은 하루아침에 휴지 조각으로 전락했다. 여기에서 그가 얼마나 손해를 보았는지 정확히 알 수 없다. 우리가 이 사례에서 주목할 점은 성공한 천재 사업가라도 사기에 당할 수 있다는 사실이다.

누구나 투자하는 과정에 사기나 스캔들을 마주할 수 있다. 어느 투자에서나 리스크는 존재한다. 하지만 코인부자는 그것이 블록체인 시스템, 가상자산의 잠재력 전체를 부정하는 것이 아니란 것을 알았다. 그 외에 더 큰 잠재력이 있고 이를 만회할 다른 강점이 있다는 것을 알기에 실패에 연연하지 않는다. 현재 그는 다른 잠재력을 지닌 코인을 또 둘러보며 투자처를 찾고 있다.

서울대 이단아,
일본 대부업체에서 답을 찾다

 A씨가 주로 '펀드'를 만들어 게임업체 등 기업에 투자하는 방식으로 자산을 불렸다면 B씨는 조금 다르다. 그는 변동성이 가장 심한 코인 시장에서 트레이드로 큰돈을 벌어들인 손꼽히는 부자 중 한 명이다. 코인 트레이드로 부자가 된 이들은 상승장에 이름을 날리다가도 폭락장에 소리 소문 없이 사라지는 것이 대부분이다. 하지만 그는 폭락장에도 살아남았다는 점에서 무엇이 달랐는지 들여다보자.

 대학 졸업과 동시에 취업이 아닌 코인에 관심을 두게 된 B씨는 코인을 펀드로 운용하면 어떨까 생각했다. 하지만 국내 펀드시장에서는 추진하기 어려운 아이디어였다. 국내 기관투자자들의 코인 투자는 법적으로 허용되지 않다 보니 누구도 펀딩할리 없었다. 국내 제도권의 벽에 막혀 코인을 매매하는 펀드를 만들겠다는 꿈을 접어야 할 때, 그의 눈에 들어온 곳이 일본이었다. 벽에 갇혀 허우적대던 B씨가 대안을 찾아 해외 주변국을 살피던 중 일본을 발견하게 된다. 일본에서는 기관투자자들의 코인 투자가 합법이란 점에서다.

이를 발견하고 기뻐하는 데 그치지 않았다. 실행력은 코인부자들의 일관된 성공 요인이다. 그는 곧바로 일본으로 향한다. 일본어도 전혀 할 줄 모르고 관련 경력도 전무한, 젊은 외국인에게 투자해 줄 일본 투자자가 어디 있겠는가. 하지만 하늘은 노력하는 자를 돕는다는 뻔해 보이는 말이 B씨의 노력에 운까지 더해져 빛을 발했다. 그는 우연히 방문한 한 일본의 대부업체 회장을 만나고 투자 약속까지 받아낸다. 무슨 일이 있었던 것일까. B씨는 일본 대부업체를 찾아 회장들을 만나려 시도했다. 이 막무가내 같은 시도의 노력은 운까지 더해져 빛을 발한다. 마침 그 대부업체 회장이 신임하던 비서가 한국인이었고, 그가 '한 번 기회를 주자'는 권유로 성사된 것이다.

코인부자 대부분은 엔지니어 등 개발자다. 블록체인 및 가상자산이 IT 등 배경지식이 있을 때 조금 더 접근하기 쉽기 때문인데, B씨는 경영대 출신의 코인부자라는 점에서도 남달랐다. B씨는 서울대 경영대 출신 대다수가 졸업하면 대기업이나 외국계 등 최대한 고연봉 직장에 취업하는 것과 달리 코인에 빠져들었다. 일각에서는 그가 젊은 나이에 코인에 관심을 가진 배경이 경영을 전공했기 때문이란 분석도 있다. 펀드 등 자본시장에 더 친숙하다 보니 이를 투자로 연결할 아이디어를 낼 수 있었다는 설명이다.

일본에서 거둬들인 투자금은 훗날 B씨의 코인 트레이딩 회사 창업의 기반이 된다.

일본 대부업 거부가 패기 뒤에서 본 것은

B씨의 성공 신화도 대단하지만, 함께 주목할 부분은 그에게 초창기 투자한 일본 대부업체 회장 C씨다. 당시 B씨에게 투자한 자금이 그에게 큰돈이 아닐 순 있어도, 생판 모르는 남에게, 그것도 단 한 번도 코인에 투자해 본 적도 없는 20대 초짜를 믿고 투자하기란 쉽지 않은 일이다. 설사 자신이 믿는 비서의 권유가 있더라도 말이다. 결국 B씨에게 베팅한 C씨 역시, B씨에 대한 지분투자로 이익을 거두게 되니 그 역시 성공한 코인부자가 된 셈이다. 그렇다면 과감하게 결단을 내린 C씨의 비결은 무엇이었을까.

C씨의 믿기 어려운 결단은 그가 살아온 인생과 이력을 듣고 나면 고개가 끄덕여진다. 그는 유년시절 정규 교육과정도 받지 못할

정도로 생활고에 시달려야 했다. 하루하루 먹고살기 위해 돈이 되는 것이라면 닥치는 대로 해야 했다. 그가 다른 이들과 달랐던 점은 무언가 돈이 될 것 같다고 생각하면 바로바로 실행에 옮겼다는 점이다. 트럭에서 빵을 팔면 잘될 것 같다는 생각을 한 적 있는데 이 '트럭에서 파는 빵'에 사람들이 몰리면서 그는 돈방석에 앉았다. 그는 이를 확장해 '키친 스튜디오 사업'을 키웠다. 키친 스튜디오 안에서 사람들이 각자 자유롭게 요리하고 음식 만드는 것도 배울 수 있도록 공간을 제공하는 사업이다.

그렇게 마련한 자금으로 대부업도 병행했다. 어릴 적부터 돈 되는 일은 닥치던 대로 하던 경험은 사업 수완을 키우는 힘이 되었다. 항상 새로운 분야에서 돈 되는 것을 찾던 그는 아이디어를 다양한 분야로 확장했다. 그 결과 키친 사업부터 대부업까지 여러 계열사를 거느린 그룹사 회장이 되었다. 그런 그의 눈에는 한국에서 온 그 청년의 패기가 단순 객기가 아닌 잠재력으로 비쳤다. C회장은 당시 코인에 대해 잘 알고 있던 것은 아니지만, 매 순간 새로운 것으로 새로운 영역으로 도전할 때 느꼈던 것처럼 코인도 그렇게 느껴졌으리라.

'그레이 존'을 놓치지 않은 영업맨, 거부가 되기까지

코인으로 큰돈을 번 것으로 알려진 D씨도 처음부터 코인의 가치를 알아본 것은 아니었다. D씨의 자산은 정확히 알려진 것은 없지만 그가 가진 기업의 가치가 수조원에 달하는 것으로 업계에서는 보고 있다. 그는 IT업계 종사자이지만 대다수 코인부자들과 달리 개발자 출신은 아니었다. IT업계에서 그동안 영업을 맡아왔다. 초창기 벤처기업을 창업하며 나름의 성과를 거두기도 했지만 코인부자의 반열에 오를 수준은 아니었다.

그랬던 그가 슈퍼리치 반열에 이른 데에는 우연히 떠난 중국 여행이 있었다. D씨는 사업차 떠난 중국 여행에서 진기한 광경을 목도한다. 그가 발견한 것은 큰 운동장에 운집한 수백 대의 컴퓨터였는데, 그 컴퓨터에 단 몇 명만이 붙어 서서 간단한 질문에 답하는 작업을 처리 중이었다. 이건 도대체 무슨 상황일까 궁금했다. 그런 그에게 게임 아이템을 획득하는 작업이란 답변이 돌아왔다.

이 게임은 훗날 전 세계에 선풍적인 인기를 끌게 된 롤게임이 된다. 롤게임에는 아이템이 필요하고, 이를 구하려면 스테이지를 통과해야 한다. 문제는 그 과정에 너무 많은 시간이 소요된다는 데 있었다. 시간이 아까워 돈을 주고 아이템을 사고 말지 하던 끝에, 과연 이 시간을 단축하며 아이템을 구할 방법은 없는 것일까에 이르게 됐다. 여기에서 등장하는 개념이 해킹 뉴스에 자주 등장하는 '매크로'다. 매크로란 복잡하거나 반복되는 작업을 단순화하거나 자동화하기 위해 여러 명령어를 묶어 하나의 키 입력 동작으로 만든 것을 말하는데, 이를 게임에도 적용했다. 이렇게 획득한 아이템을 매매 사이트에서 팔면 이익을 거둘 수 있었다. 그러니 수백 대 컴퓨터를 동시에 돌리며 중간마다 암호를 풀 사람이 필요했다. D씨가 목격한 그 흥미로운 광경은 이렇게 탄생했다.

D씨가 그 흥미로움에 즉시 코인 시장에 뛰어든 것은 아니었다. 당시 흥미만 느낀 채 지나쳤던 그 장면은 몇 년 뒤 비트코인 가격이 뛰기 시작했을 때 비로소 그의 머릿속에 다시 떠올랐다. 결국 그는 비트코인을 중개하는 사업을 고안하게 되었다. 그것이 지금 가

상자산거래소의 태동이 되었다. 게임 아이템이 코인으로 바뀌었을 뿐, 수백 대의 컴퓨터로 코인을 만들고 배분하는 로직의 개념은 크게 다르지 않았다.

코인부자로 우뚝 선 D씨가 남들과 차별화됐던 점은 무엇일까. 바로 '그레이 존(회색지대)'에 대한 사업성을 검토해 왔다는 것이다. 가상자산은 불법이자 비제도권에 있어 사업화를 꺼리는 이들이 많지만, 언젠가는 '블루오션'이 될 수 있을 것이란 가능성을 염두에 뒀던 것이 성공의 요인이 아니었을까. 관찰했던 것 중 사업 아이템이 될 것들을 꼼꼼히 메모하고 가상자산 시장 변화에서 기회를 포착한 것이 현재 어마어마한 자산을 모으게 된 원동력이 된 셈이다.

비트코인 900원에 전 재산을 던진 용기

2013년 "로또 살 돈으로 비트코인에 투자하라"는 말로 일약 스타가 된 이가 있다. 그의 이름은 다빈치 제레미, 평범한 미 소프트웨어 엔지니어이자 사업가였다. 그는 어느 날 비트코인의 잠재력을 간파하고, 그에 비해 가격이 낮다고 판단해 전 재산을 들여 사들이게 된다. 그의 정확한 재산 수준은 알 수 없지만 2022년 기준 외신 등에 따르면 개인 전용 제트기와 슈퍼카, 요트 등을 소유한 것으로 알려졌다. 즉 2018~2019년 백만장자 대열에 오른 것으로 예상된다.

그에게서 우리가 '코인부자'로서 주목할 점은 두 가지다. 우선 그

누구보다 초창기에 비트코인의 가치를 간파한 눈, '선견지명'에 있다. 제레미는 비트코인 초기 투자자 중 한 명으로 2011년 3월 비트코인에 전 재산을 투자한 것으로 알려졌다. 그가 비트코인 투자를 시작한 2011년 3월은 개당 115.75달러에 불과하던 때다. 이후 비트코인은 두 차례의 불장을 만나면서 크게 올랐고, 그 덕에 91,045배 이익을 거두게 된다.

'비트코인 전도사', 흔들리지 않는 믿음

물론 일반인이 비트코인 등의 잠재력을 알아보고 초기에 투자하는 것은 쉽지 않다. 대부분의 사람들은 주변에서 성공한 사례를 통해 기회를 알아본다. 그가 '비트코인 전도사'로 나선 이유도 자신의 성공 비법을 공유하고 싶었으리라. 제레미는 당시 비트코인에 투자하는 동시에, 지인들에게 지금이라도 늦지 않았다며 투자할 것을 권했다. 그는 당시 자신의 유튜브 채널에서 가치에 무관심한 지인들을 안타까워하며 "제발 로또 살 돈으로 비트코인을 사라. 단돈 1달러라도 괜찮다"라고 목소리를 높였다. 그는 "1달러 잃는다고 신경이나 쓰겠냐. 일단 투자하면 10년 뒤 당신은 백만장자가 돼 있을 것이다. 나에게 나중에 감사 인사하는 사람이 많아졌으면 좋겠다"고 말한 바 있다. 물론 영상을 처음 올린 때엔 비웃음이 섞인 조롱

댓글이 대다수였다. 비트코인 가격이 지지부진하다 보니 그의 말을 믿지 않았다. 하지만 두 차례의 불장을 겪으며 비트코인 가격이 치솟자, 제레미의 유튜브는 '성지'가 되었다.

여기에서 주목할 또 다른 부분은 '꾸준함'이다. 그는 누구보다 빨리 비트코인의 가치를 알아봤지만, 그 믿음에는 흔들림이 없었다. 간혹 그 가치를 설파하다가도 하락장이 오면 소리 소문 없이 사라지거나, 그 이후 다시 매도하라는 등 약한 모습을 보이는 이들도 있다. 손실의 책임을 자신에게 물을까 우려한 행동일 테다. 하지만 그는 코인가격의 급등락 속에서도 흔들리지 않고 일관성 있게 그 잠재력을 강조해 왔다. 코인은 변동성이 큰 편이다. 글로벌 주요 인사들의 발언에도 단기에 하락하는 일도 잦다. 일례로 테슬라 CEO 일론 머스크의 비트코인 결제 중단 발언에 비트코인을 비롯한 가상 자산 가격이 하락하는 식이다. 이처럼 급등락을 반복하던 당시 동요하지 말 것을 조언한 바 있다. 제레미는 2022년 코인 광풍 후 폭락을 겪은 뒤인 2024년 5월에도 여전히 비트코인의 잠재력을 강조했다. 그는 자신의 소셜미디어 엑스(X)계정에 "전 세계적으로 100조 달러가 넘는 미 달러화가 뿌려져 있는 상태"라며 "비트코인이 공식 통화가 됐을 때를 상상해 보라. 전 세계의 부(富)가 비트코인으로 이동한다면 잠재적 가치는 현재의 400배는 될 것"이라고 올렸다.

'디지털 금'에서
미래 가치를 본 CEO

개인 투자를 넘어 사업에 가상자산을 적극적으로 접목한 사례도 눈에 띈다. 1989년 마이크로스트래티지를 공동 설립한 마이클 세일러(Michael Saylor)가 그 주인공이다. 마이크로스트래티지는 데이터 분석 및 비즈니스 인텔리전스(BI) 소프트웨어를 개발하는 기업으로, 데이터를 기반으로 더 나은 의사 결정을 내릴 수 있도록 돕는 솔루션을 제공해 왔다. 그가 이 분야에서 주목을 받은 계기는 마이크로스트래티지의 오랜 역사에도 있지만, 2020년 운명의 날에 있다.

그해 그가 비트코인을 회사의 주요 자산으로 채택한다고 발표한다. 그럴 수 있던 것이 세일러는 비트코인을 '디지털 금'이라 부르며, 인플레이션을 방어할 최고의 자산으로 평가했기 때문이다. 아울러 비트코인은 유한성과 탈중앙화 특성을 지닌 만큼 미래에 상승할 만한 가치가 있다고 확신했고, 이러한 신념은 마이크로스트레티지의 핵심 투자전략이 되었다. 그는 즉각 실행에 옮긴다. 그해 8월 마이크로스트래티지는 2억5000만 달러에 달하는 현금을 비트코인에 투자하는데, 이는 비트코인 시장에서 기업이 대규모 투자를 시작하는 신호탄이 되었다.

그의 경영 전략을 살펴보면 비트코인에 대한 믿음과 애정이 단기적인 것이 아니란 점을 알 수 있다. 그는 마이크로스트레티지의 최고경영자(CEO) 자리에서 물러난 뒤 비트코인 관련 전략에만 집중하는 의장으로 전환한다. 코인 투자로 회사가 손실을 입을 수 있다는 일각의 우려에도 비트코인에 대한 그의 강한 신념을 보여준다. 세일러는 새로운 CEO에게 회사의 전반적인 경영을 맡긴 뒤 자신은 비트코인 전략과 홍보에 집중하고 있다. 마이크로스트래티지는 비트코인을 지속적으로 추가 매수한 끝에, 2024년 기준 총 24만4800개의 비트코인을 보유 중이다.

일각에서는 그의 투자전략을 두고 '도박'이라며 비판하는 목소리도 나왔다. 경제학자이자 암호화폐 비판가인 피터 시프는 기업들이 비트코인을 전략적 자산으로 활용하는 것을 지적했다. 외신 등에 따르면 그는 "비트코인은 전략적이지도 적합하지도 않다"고 비판하며 "기업들이 주주들의 자금을 도박에 사용하지 말고 배당금을 지급해야 한다"고 말한 바 있다. 그럼에도 그의 전략이 주목을 받는 지점은 마이크로스트레티지 주가도 올랐다는 점이다. 비트코인 가격 상승으로 기업 주가도 덩달아 올랐으니, 결국 그 이익은 주주에게 돌아간 셈 아니겠는가. 비트코인 가격이 오르면서 세일러의 비트코인 초기 투자 내비 수익률은 약 102.4%다. 비트코인 투자를 시작한 이후 4년간 마이크로스트래티지의 비트코인 투자는 연평균 44%의 수익률을 기록했다. 이는 같은 기간 글로벌 신용평가사 스탠다드앤드푸어스(S&P) 500의 12% 연간 상승률을 대폭 넘어선다. 같은 기간 주가도 승승장구했다.

변동성에도 흔들림 없이 '비트코인 소나무'

마이클 세일러에게서 다빈치 제레미와 공통점도 엿보인다. 바로 코인의 가치를 믿고 변동성에도 그 신념을 굳건히 가져간다는 점이다. 그는 비트코인을 회사 주요 자산으로 채택하면서 매수를 시작했지만, 그 과정에서 비트코인이 하락해 손실을 보기도 했다. 개인 투자자로서 비트코인을 매수할 때보다 뼈아팠으리라. 게다가 주가 역시 비트코인 가격의 영향에서 벗어날 수 없다. 대표로서 주주들의 원성을 견디는 것도 어려웠을 것이다. 어떤 자산보다 변동성이 큰 코인 시장에서 흔들림 없는 믿음을 굳건히 가져가기란 쉽지 않았을 것이다.

2021년 비트코인이 폭락할 때 세일러의 그런 면모를 볼 수 있다. 세일러 회장은 자신의 얼굴에 맥도널드 아르바이트생 모자를 합성한 사진을 소셜미디어에 올리며 "비트코인을 더 얻기 위해서라면 무엇이라도 하지"라고 올렸다. 2022년에는 "비트코인이 희망", "세계는 망하지 않는 화폐가 필요하다", "멀리 내다봐라" 등의 글을 공유한 바 있다.

그는 폭락장에서 손실을 봤지만, 오히려 더 사들였던 것으로 알려졌다. 미 MIT대 출신인 세일러는 2020년 8월부터 비트코인을 집중적으로 사들이기 시작했다. 당시 비트코인은 1만 달러 수준에서 6만 달러까지 올라, 그의 투자는 성공적인 전략으로 평가 받았다. 하지만 이내 폭락하면서 약 9억4000만 달러 손실을 보게 된다. 그럼에도 비트코인의 가치를 알았던 그는 흔들림 없이 비트코인을 매집했다. 2022년 5월 이후 비트코인이 폭락했을 때에도 더 사들였을 정도다.

세일러는 블룸버그와 인터뷰에서 "2024년 가상자산이 강세장이 될 것이다. 비트코인 현물 ETF는 자본의 디지털 전환을 촉진하고 있다. 매일 수억 달러의 자금이 아날로그 생태계에서 디지털 경제로 유입된다. 비트코인이 S&P500지수와 금, 부동산을 능가하는 자산이 될 것이다. 비트코인을 매도하지 않을 이유가 없다. 영원히 매수하겠다"고 말한 바 있다.

사례_⑥

7억에서 10조 대기업으로, 고래가 된 거래소

코인부자를 생각하면 단순히 코인을 사고팔며 시세 차익을 거둔 개인투자자만 떠올리기 쉽지만, 관련 사업에 뛰어들며 몸집을 불린 기업도 상당하다. 그중에서 7억원 규모의 스타트업에서 10년 만에 10조원 넘는 대기업으로 단숨에 성장한 기업 두나무의 성공에 주목된다. 두나무는 지난 2022년 국내 가상화폐 업계 최초로 대기업집단으로 지정되었다. 공정거래위원회가 발표한 공시대상기업 집단 지정 현황에 따르면 두나무는 당시 자산총액 기준 10조8225억원을 기록하며, 공시대상기업집단 지정 기준(5조원)은 물론, 상호출자제한기업집단 기준(10조원)까지 뛰어넘는 대기업으로 자리매김하게 된다.

두나무가 대기업집단에 이름을 올렸지만, 기업명은 다소 생소할 수 있다. 그렇다면 가상자산 거래소 '업비트'를 운영하는 기업이라면 어떨까. 고개가 끄덕여질 것이다. 업비트는 국내 최대 가상자산 거래소와 함께 단숨에 성장했다. 일각에서는 이를 두고 때마침 불어온 '코인 광풍'을 잘 탄 행운으로 평가 절하하기도 한다. 과연 우연히 발을 들인 코인 사업에서 얻게 된 행운일까? 그렇다면 왜 다른 기업들엔 두나무와 같은 '코인 로또'는 없었던 것일까? 두나무가 의외로 가상자산 및 블록체인 분야에서는 후발주자였다는 점을 토대로 코인부자의 성공 비결을 살펴보자.

뉴스에서 주식 정보 모아주는 '핀테크'로

두나무의 시작은 지금과 큰 차이가 있었다. 처음부터 블록체인이나 가상자산 관련 기업을 표방하고 출범한 것이 아니었다. 두나무는 온라인 서비스 개발 경력이 풍부한 송치형 대표와 대기업 아키텍트 개발 경력을 지닌 이해일 대표가 온라인에서 인기 있는 기사를 모아 보여주는 서비스 '뉴스메이트'로 출범했다. 출범 당시 엔젤형 벤처캐피탈인 케이큐브벤처스(현 카카오벤처스)에서 2억원을 투자받기도 했지만, 아직까진 작은 스타트업에 불과했다.

그러던 중 두나무가 현재 모습으로 성장하는 밑거름을 만들 수 있던 계기는 증권 분야로 눈을 돌린 데 있다. 2년 뒤 두나무는 단순히 인기 뉴스 등 정보를 모아 보여주는 플랫폼에서 '주식 정보'로 그 범위를 전문화하고 구체화한다. 두나무는 2014년 4월 '증권플러스'란 애플리케이션(앱)을 출시하게 된다. 증권플러스는 주식 투자에 필요한 핵심 정보를 하나의 앱에서 이용할 수 있게 보여주자는 취지로 카카오톡과 모바일트레이딩시스템(MTS)을 국내 최초로 연동한 것으로 주목받았다. 투자자들은 자신이 주로 이용하는 증권사 계정을 증권플러스와 연결할 수 있다 보니, 주식계좌 개설 시 겪는 어려움을 해소할 수 있었다.

두나무는 증권플러스 서비스를 출시하며 증권사와 거래 연동하는 방식으로 20억원을 투자받는다. 우리기술투자는 본계정을 활용해 5억원, 퀄컴벤처스도 15억원을 투자했다. 다음카카오도 업무협약을 통해 33억원을 투자했는데, 해당 서비스는 출시 1년7개월 만에 누적 거래액 2조원을 달성한다.

두나무가 증권플러스로 사업을 확장할 수 있던 비결은 핀테크 기업에서 시작했다는 점에 있다. 2010년은 카카오톡이 출시되던 때다. 카카오톡이 국민 메신저로 성장하는 모습을 보며 이내 모바일 시대가 열릴 것을 간파했고 핀테크와 모바일을 접목해 증권플러스를 고안한 것이 신의 한 수가 되었다. 증권플러스 사업으로 두나무는 '뉴스메이트'에서 한 단계 성장했으며, 훗날 가상자산 업계에서 도약하는 발판을 마련하게 되었다.

코인 후발주자, 1위로 자리매김한 비결은

두나무가 가상자산 산업에 뛰어든 것은 2017년으로, 업계에서는 후발주자였다. 두나무는 카카오톡에서 모바일 시대를 감지한 것처럼, 그해 가상자산 열풍을 보며 새로운 시대가 올 것을 확신했다. 후발주자이지만 가상자산 시장의 성장세를 읽고 뛰어들기로 마음먹는다. 두나무는 그해 10월 가상자산 거래소 업비트를 출범했다. 늦은 출발에도 성장세를 내다본 두나무는 사업 확장에 집중한 결과 선두 주자였던 빗썸과 코빗, 코인원 등을 넘어 국내 가입자 수 기준 1위에 올라서게 된다.

과연 후발주자였던 업비트가 단기에 1위가 될 수 있던 비결은 무엇일까. 앞서 증권플러스를 운영해 본 노하우가 밑거름이 된 것으로 평가된다. 주식시장과 가상자산 시장은 엄연히 다르지만, 투자 플랫폼을 개발하고 고민했던 경험이 성장에 발판이 된 것으로 보인다. 가령 업비트는 국내 최초로 정보보호와 개인정보보호관리체계 인증(ISMS-P), 국제표준화기구(ISO) 보안 표준 등 4종을 모두 확보했다. 카카오 계정과 연동한 소셜 로그인을 지원하는 등 고객 편

의성을 높인 점도 성공 전략으로 꼽는다. 비교적 속도가 빠른 앱을 구현하려 했던 점도 증권 앱을 개발한 경험이 밑바탕이 되었다. 이처럼 증권플러스에 이어 업비트로 성장한 두나무는 핀테크 기업에 이어 블록체인 기업으로 거듭나는 중이다.

코인 불장 시너지···'투자 러브콜' 쇄도

가상자산 시장이 활황세를 띠면서 업비트 사업이 성공 가도를 달린 것은 물론, 투자자들의 러브콜로도 자산가치가 급속도로 불어났다. 두나무의 신주 투자 유치는 2017년이 마지막이다. 당시 기업가치는 약 500억원으로 수준으로 다음카카오가 투자했을 당시보다 2.8배 가량 높아졌다. 이후 가상자산 거래소 '업비트'를 내놓은데다 암호화폐 불장이 이어지면서 두나무는 2021년 기준 기업가치 1조원인 유니콘 기업이 되었다. 당시 초기 투자자들의 펀드 만기가 도래한 데다 두나무의 기업가치가 퀀텀 성장하면서 본격적으로 구주거래가 활발하게 일어났고, 주주들의 변동 폭도 커졌다.

한화투자증권은 미국 퀄컴의 지분을 인수한 뒤 두나무에 583억원2952만원을 투입해 6.15% 지분을 확보하며 5% 이상 주주로 참여했다. DSC인베스트먼트, IMM인베스트먼트, 새한창업투자, 하나금융투자, 알토스벤처스 등은 에이티넘인베스트먼트와 스톤브릿

지벤처스의 구주를 주당 20만원대로 인수했다. 대성창업투자도 세 컨더리펀드를 청산하면서 주당 50만원 넘는 금액에 두나무 회수를 마쳤다. 당시 기업가치는 시기의 차이는 있지만 1조5000억원에서 6조7000억원까지 불어나기도 했다.

두나무는 매월 수천억 원 수준의 영업이익을 냈기 때문에 현금 창출 능력이 탁월한 기업으로 손꼽히며 기관투자자들의 러브콜을 받았다. 신규 자금을 조달할 필요가 없다 보니 기존 주주들의 지분이 희석되는 신주 발행 방식의 투자 유치는 지양했고, 구주 매출을 통한 투자 유치를 지속했다. 그 결과 기관투자자들에 기록적인 회수 실적을 안겨줬다. 특히 비교적 초기에 투자했던 에이티넘인베스트먼트는 70억원을 투자해 약 5000억원을 회수할 수 있었다. 투자 원금 대비 71배를 벌어들인 셈이다.

전 세계 1위 거래소는 FTX와 다르다

국내에 두나무가 있다면 전 세계적으로 영향력 있는 거래소로
는 '바이낸스'가 있다. 바이낸스 창립자이자 창평 자오(Changpeng
Zhao)는 디지털 자산 업계에서 가장 영향력 있는 인물로 꼽힌다.
CZ로도 알려진 그의 첫 비트코인 투자는 조금은 과감하게 시작된
다. 2013년 우연히 비트코인 관련 뉴스를 읽다 새로운 금융 혁명
의 시작을 직감한 창평 자오는 그길로 비트코인을 사들이기로 마
음먹는다. 그 길로 중국 상하이에 있는 아파트를 팔아 마련한 돈으
로 비트코인을 사버렸다.

주변의 만류에도 과감히 비트코인에 투자할 수 있었던 데에는

그만의 확신이 깔려있었다. 10대부터 IT분야와 금융업계까지 두루 섭렵하면서 자연스럽게 관련 생태계에 대한 이해와 미래를 보는 눈을 키울 수 있던 것으로 분석된다. 그는 중국 장쑤성에서 태어나 12세 때 캐나다로 이주하는데, 캐나다 맥길 대학교에서 컴퓨터 과학을 전공한 뒤 일본 도쿄증권거래소의 소프트웨어 개발자로 사회생활을 시작했다. 이후 미국 뉴욕으로 건너가 블룸버그 트레이드북의 선임 개발자로 활동한다.

이후 비트코인의 탈중앙화 특성과 그 가능성에 매료돼, 디지털 자산 업계에서 본격 활동을 시작한다. 그렇게 2017년 바이낸스를 설립했다. 바이낸스가 빠르게 성장할 수 있던 배경은 그의 앞선 경험에 있다. 금융분야 경험은 물론 기술적인 전문성도 동시에 보유한 덕분에 설립 초기 겪었던 어려움을 빠르게 극복했다는 설명이다. 바이낸스는 사용자 친화적인 인터페이스와 다양한 디지털 자산 지원, 빠른 거래 속도, 글로벌 접근성 등의 강점에 힘입어 글로벌 거래소 1위로 우뚝 선다. CZ는 바이낸스로 막대한 부를 거둬들인 것은 물론 디지털 자산 대중화를 이끈 것으로 평가된다. 2018년 중국 후룬연구원은 자오 창펑을 중국 블록체인 업계 부자 3위, 같은 해 포브스도 전 세계 암호화폐 부자 3위로 선정했다.

대중화 이끌었지만…엄격한 규제 감독에는?

물론 글로벌 1위 거래소 반열에 오르기까지 그 과정이 순탄했던 것만은 아니다. 바이낸스와 관련된 FUD(Fear, Uncertainty, Doubt)에는 적극 대응했다. FUD는 주로 근거 없는 소문이나 부정적인 정보로 인해 시장의 불안감을 조성하는 걸 의미한다. CZ는 이런 상황에는 숫자 '4'를 자주 사용했는데 이는 "무시하라"는 뜻을 담고 있다. 그는 트위터에서 '4'를 사용하여 바이낸스와 자신을 겨냥한 FUD를 무시하라는 메시지를 간단히 전달하곤 했다. 이는 커뮤니티 내에서 큰 반향을 일으켰고, CZ의 긍정적이고 결단력 있는 리더십을 상징하게 됐다.

그가 가장 크게 겪었던 문제는 규제와 보안 위협 등을 둘러싼 금융당국과의 갈등이다. 바이낸스는 미 법무부(DOJ)와 증권거래위원회(SEC)와 갈등을 겪었다. 미 법무부는 바이낸스가 자금세탁방지(AML)와 테러자금조달방지(CFT) 규정을 위반했다며 조사를 시작했으며, SEC는 바이낸스가 무등록 증권을 제공했다며 조사를 진행했다. 그는 무죄를 주장하다 결국 2023년 11월 유죄를 인정하고 2024년 4월에 4개월 징역형을 선고받았다.

이 같은 규제당국 압박에도 CZ는 이를 투명하고 신속하게 대처하며 신뢰를 유지하려 노력했다. 그 방법으로 택한 것이 사임이었다. 2023년 11월 그는 CEO 자리에서 스스로 물러난다. 새로운 경영진이 규제당국과 관계를 개선하고 회사의 지속 가능한 성장을 도모할 수 있도록 하기 위한 결정이었다.

CZ리더십이 바이낸스를 세계적인 거래소로 만들고 디지털 자산의 대중화를 이끌었지만, 상황은 많이 달라졌다. 금융당국의 엄격한 규제와 강화된 감독이 점차 큰 부분을 차지하고 있다. 과연 계속 글로벌 1위 거래소로 자리 잡기 위해 CZ와 바이낸스는 어떤 행보를 선택할 것인가. 전 세계 4위권 거래소였던 FTX의 몰락이 있던 만큼, 그동안 보여온 리더십을 이어갈 지 주목된다.

코인 백서 보는 법

'똑똑하게' 코인 백서 읽는 법

정보의 홍수 속에서 우리가 투자하려는 코인에 대해 정확한 정보를 얻기 위해서는 백서부터 자세하게 살펴봐야 한다. 백서란 특정 암호화폐 프로젝트의 기술적, 경제적 측면을 포괄적으로 설명하는 문서다. 일반적으로 프로젝트의 개발팀이나 핵심 멤버들이 작성하며, 잠재적 투자자, 채굴자, 사용자들에게 프로젝트의 목적, 기술, 로드맵 등에 대한 상세한 정보를 제공한다. 증권신고서와 비슷하다고 볼 수 있다. 하지만 백서를 읽기란 쉽지 않다. 암호화폐가 애초에 국경 없는 금융시스템을 기치로 탄생한 만큼, 프로젝트 정보의 99%가 영어로 쓰였기 때문이다.

이 장에서는 언어 장벽을 뛰어넘어, 똑똑하게 백서를 읽는 법을 비트코인과 이더리움을 예로 들며 소개하려 한다. 백서는 도입부를 꼼꼼히 읽는 것이 중요하다. 대부분 백서에서 첫 문단에 프로젝트의 가장 중요한 내용을 적어두기 때문이다.

비트코인 백서의 첫 문장은 "순수한 P2P(Peer to Peer · 개인 간 거래) 방식의 전자 화폐는 금융 기관을 거치지 않고 한 당사자에서 다른 당사자로 직접 온라인 결제를 가능하게 해줄 것이다.(A purely peer-to-peer version of electronic cash would allow online payments to be sent directly from one party to another without going through a financial institution.)"이다. 백서의 첫 문장에서부터 비트코인의 핵심 목표를 바로 알려준다.

이더리움 역시 동일하다. 이더리움 백서도 마찬가지로 "이더리움은 스마트 계약 기능을 갖춘 오픈 소스, 퍼블릭, 블록체인 기반의 분산 컴퓨팅 플랫폼이다.(Ethereum is an open-source, public, blockchain-based distributed computing platform featuring smart contract functionality.)"라고 서두에 프로젝트의 본질을 명확히 한다.

두 번째로는 해당 프로젝트가 어떤 기술적 내용을 담고 있는지를 살펴봐야 한다. 비트코인 백서는 작업증명(Proof of Work) 시스템을 상세히 설명한다. 이더리움 백서는 이에 더해 계정, 메시지, 트랜잭션, 상태 전이 함수 등 복잡한 개념을 소개한다.

세 번째로는 '토크노믹스', 즉 토큰경제시스템을 확인해야 한다. 해당 블록체인 네트워크를 기반으로 하는 거버넌스 토큰(비트코인 네트워크는 BTC, 이더리움 네트워크는 ETH다)이 무엇인지 확인하고 이를 중심으로 한 화폐경제체제를 정확히 파악해야 한다.

이더리움 백서에서는 이더(ETH)의 역할과 가스비(Gas fee) 시스템을, 비트코인 백서는 채굴 보상과 반감기를 언급한다. 이러한 토큰 경제 모델을 이해하는 것이 중요하다.

네 번째, 로드맵을 확인하자. 백서는 프로젝트 초기 단계에서 만들어지기 때문에 모두 로드맵을 담고 있다. 이더리움 백서는 로드맵으로 개발 계획을 단계별로 제시한다. 실제로 이더리움은 이에 따라 단계별 업그레이드를 진행 중이다. 이더리움은 홈스테드, 비잔틴, 베를린, 머지, 상하이/샤펠라 등의 주요 업그레이드를 거쳐왔다. 비트코인 백서는 명시적인 로드맵은 없지만, 발전 방향의 아이디어를 제시한다. 투자에 앞서 프로젝트의 미래 계획을 파악하는 것이 중요하다.

끝으로 해당 프로젝트팀 주요 구성원의 프로필을 확인하는 것도 필요하다. 비트코인 백서는 익명의 사토시 나카모토가 작성했지만, 이더리움 백서는 비탈릭 부테린을 비롯한 개발자들의 정보를 담고 있다. 프로젝트의 지속가능성을 파악하기 위해 팀의 전문성과 배경을 확인하는 것이 중요하다. 꼼꼼히 백서를 살펴봤다면 이후에는 관심 있는 프로젝트가 백서대로 진행되고 있는지 점검하는 것도 필수다.

투자가치 여전할까, 잠재력 바로 알기

- 이미 오를 대로 올랐다며 외면하고 있다면 -

탄생 일화에서 찾아보는 잠재력

　그럼에도 초보 투자자들이 가상자산을 외면하는 이유는 이미 오를 대로 올랐다고 보기 때문이다. 상투까지는 아니더라도 이미 어깨까지 올랐으니 지금 들어가도 늦다고 치부하는 것이다. 앞서 뒤따라 들어갔다가 상투에 물린 쓰라린 경험도 발목을 잡는다. 다시 반등할 것 같던 가상자산 시장이 심지어 폭락하면 더욱 그렇다. 2024년 8월5일 전 세계 자산시장이 폭락하며 더욱더 투자에 주저하게 된 이 날을 '블랙먼데이'라 부른다. 이날 코스피와 코스닥에서는 사이드카가 발동했고 일본과 대만 주식시장은 사상 최대 하락폭을 기록했다. 비트코인도 한때 5만 달러 밑까지 떨어졌을 정도다. 이를 보며 "거봐 가상자산 시장은 투자할 게 못 돼"라고 말할 것인가.

최근 코인 광풍이 불며 많은 이들이 코인 투자에 뛰어들었지만, 코인이 무엇인지 제대로 아는 이는 많지 않다. 코인 시세가 널뛰는 것을 보며 차익을 노리고 뛰어드는 경우가 대다수일 뿐 실제 가상자산의 진가가 무엇인지 제대로 이해하는 이들은 얼마나 될까. 단기의 시세차익을 노린 이들의 눈에 가상자산 시장은 그야말로 도박판으로 보일 뿐이다. 코인 투자로 돈을 버는 것도 운이라는 생각이 들 수밖에 없다. 많은 투자자가 코인에 투자했지만, 정작 이 자산이 무엇인지 명확히 알지 못하는 이가 대부분이다. 다른 투자자산과 달리 정의조차 명확히 이뤄진 적이 없기 때문이다. 초국경적인 성격을 갖고 있는 만큼 국가마다 이 새로운 자산을 어떻게 부를지, 성격을 어떻게 정의할지 의견도 분분하다. 우리나라 조세당국인 기획재정부에서는 비트코인을 디지털 자산(Crypto Currency)이자, 디지털 결제 시스템이라고 정의했다.

그러나 가상자산은 단순한 디지털 결제 시스템을 넘어서는 광범위한 영향력을 가지고 있다. 가상자산은 블록체인 기술을 기반으로 탈중앙화한 금융 서비스를 선보이며, 금융 시스템의 효율성과 접근성을 높이는 촉매제 역할을 하고 있다. 은행 계좌가 없는 사람들에게도 금융 서비스에 접근할 기회를 제공한다.

더불어 가상자산은 국경을 넘어 빠르게 자금을 이체할 수 있게 한다. 국제 무역과 해외 송금 비용도 크게 절감될 것으로 기대된다. 이는 전통적인 금융 시스템의 한계를 극복하고 새로운 경제적 가능성을 열어주는 것이다. 기획재정부가 왜 비트코인을 디지털 결제 시스템이라고 명명했는지, 그 배경을 찾아 비트코인의 탄생 일화부터 살펴보자.

비트코인의 탄생은 2008년 글로벌 금융 위기와 깊은 관련이 있다. 전통 금융 시스템이 붕괴하기 시작했을 때 사토시 나카모토로 알려진 인물의 손에서 세상에 처음 등장했다. 2008년은 미국 발 서브프라임 모기지 사태로 글로벌 금융 시장이 붕괴하며 전 세계 경제가 큰 타격을 입던 때였다. 많은 대형 은행이 도산하며 사람들이 일자리와 주택을 잃었다. 곳곳에서 불만과 분노는 점점 커졌고 2011년 '월가를 점령하라(Occupy Wall Street)' 운동으로 폭발했다. 이 운동은 부의 불평등과 금융 시스템의 부패에 항의하는 대규모 시위로 뉴욕의 금융 중심지인 월가를 점거하며 시작되었다.

비트코인은 이런 시대적 배경 속에서 탄생했다. 2008년 10월 31일 사토시 나카모토는 '비트코인: P2P 전자화폐 시스템'(Bitcoin : A Peer-to-Peer Electronic Cash System)이라는 제목의 백서를 발표했다. 이 백서에서 중앙기관 없이도 거래를 안전하게 처리할 수 있는 새로운 디지털 화폐 시스템을 제안했다. 비트코인은 블록체인 기술을 기반으로 거래의 투명성과 보안을 확보하고 탈중앙화된 구조를 유지하는 것이 가장 큰 특징이다.

2009년 1월 3일, 사토시 나카모토는 첫 비트코인 블록인 '제네시스 블록'을 채굴(생성)했다. 이 블록에는 "The Times 03/Jan/2009 Chancellor on brink of second bailout for banks(더 타임스 2009년 1월 3일 : 은행들의 두 번째 구제금융을 앞둔 U.K. 재무장관)"라는 문구가 새겨져 있었다. 이 문구는 최초의 비트코인 트랜잭션에 남겨진 유명한 코멘트이자, 실제 2009년 1월 3일 런던 타임스 1면의 뉴스 헤드라인이었다. 이것은 사토시가 비트코인을 만든 동기를 설명해 준다. 이 기사는 당시 영국 대형은행의 구제금융을 다루며 전통적인 금융 시스템의 한계를 지적하고 있다.

비트코인은 전통적인 금융기관을 거치지 않고도 개인 간에 직접 거래할 수 있게 설계됐다. 블록체인을 기반으로 투명성과 보안성도 강화할 수 있었다. 금융위기로 촉발된 중앙화된 금융 시스템에 대한 불신과 대안적인 금융 시스템에 대한 갈망이 비트코인의 확산을 가속했다. 비트코인의 탄생과 초기 성장 과정은 기존 금융 시스템의 한계를 극복하고자 하는 인류의 바람을 보여준다.

비트코인과 함께 주목받은 블록체인 네트워크는 차세대 인터넷으로도 불리고 있다. 비트코인 인플루언서인 윌리 우는 2021년 1월 기준 비트코인 사용자 수가 1997년의 인터넷 사용자 수와 같으며, 비트코인의 사용자 수 증가 속도가 인터넷 사용자 증가 속도보다 훨씬 빠르다는 점에 주목했다.

2023년 말 기준으로 전 세계 암호화폐 사용자 수는 약 5억 8000만 명에 달했으며, 이 중 비트코인 사용자는 약 2억 9600만 명으로 전체의 51%를 차지했다. 2023년 한 해 동안 33%의 성장률을 보였다. 실제로 블록체인 네트워크의 성장세는 인터넷 초기의 확산 속도와 비교할 만한 수준이다.

이러한 급속한 성장의 배경에는 블록체인 기술이 제공하는 여러 혁신적인 이점이 있다. 블록체인은 탈중앙화 구조로 중개자 없이도 안전하고 효율적인 거래를 가능하게 한다. 이는 송금이나 부동산 거래와 같은 전통적인 분야에서 수 일이 걸리던 프로세스를 대폭 단축할 수 있다.

전통적인 국제 송금의 평균 비용은 송금액의 6.5% 정도로 매우 높다. 하지만 블록체인을 이용하면 이 비용을 무려 1% 미만으로 낮출 수 있다. 송금에 걸리는 시간도 대폭 줄였다. 기존 은행 송금은 2~5일이 소요되지만, 블록체인 송금은 수 분에서 수 시간 내에 완료될 수 있다. 리플(Ripple)의 블록체인 기술은 실시간 결제를 가능하게 해준다. 리플은 금융회사들과 연계해 지급 결제(송금) 서비스를 제공하는 블록체인 기업이다. 실제로 말레이시아, 베트남 등 주요 통화권 국가가 아닌 경우에는 블록체인을 이용한 가상자산 국제 송금을 이용하는 경우를 심심찮게 찾아볼 수 있다.

이러한 이점을 기반으로 블록체인 기반 국제 송금 시장은 빠르게 성장 중이다. 가트너(Gartner)에 따르면 블록체인이 창출하는 비즈니스 가치는 2026년까지 3600억 달러, 2030년까지 3조1000억 달러를 초과할 것으로 예상된다.

이처럼 블록체인의 투명성과 불변성은 데이터의 신뢰성을 높이고 부정행위를 방지하는 큰 역할을 한다. 또 이더리움 네트워크의 스마트 콘트랙트(스마트계약)를 활용하면 복잡한 비즈니스 프로세스를 빠르고 저렴하게 이용할 수 있다. 이는 기업들이 더 효율적으로 혁신 서비스를 제공할 수 있는 기반이 된다.

비트코인을 위시한 블록체인과 디지털 자산은 지난 20년간 무섭게 성장해 온 인터넷 산업보다 더욱 빠르게 우리 실생활에 침투할 수 있다. 블록체인 기술은 금융 거래뿐만 아니라 공급망 관리, 의료 기록 관리, 디지털 신원 확인 등 다양한 분야에서 혁신을 이끌고 있으며, 이는 우리의 일상생활과 비즈니스 방식을 근본적으로 변화시킬 잠재력을 가지고 있다. 이러한 변화의 속도와 범위를 고려할 때, 블록체인 기술이 가져올 미래는 우리가 상상하는 것보다 더 빠르고 광범위하게 펼쳐질 것으로 보인다.

코인 빅뱅, 디지털자산 시대를 열다

초기 디지털 자산은 비트코인에서 시작해 이더리움과 리플 등이 연이어 등장하면서 점점 종류와 용도가 다양해지고 있다. 그렇다면 디지털 자산이란 무엇일까? 디지털 자산이라는 말이 마치 공상 과학 영화에나 나올 법한 이야기처럼 생소하게 들릴 수 있다. 회의론자들에게는 그저 말장난이나 투기, 사기로도 인식되곤 한다. 그러나 디지털 자산은 이미 현실에서 중요한 금융 자산으로 자리 잡고 있다. 디지털 자산은 블록체인 기술을 기반으로 만들어진 디지털 화폐로, 중앙은행이나 금융 기관의 개입 없이도 안전하게 거래가 가능한 아주 새로운 금융이다.

이러한 디지털 자산은 금융의 새로운 패러다임을 제시하며, 기존의 금융 시스템을 혁신하고 있다. 특히, 디지털 자산은 탈중앙화 시스템으로 거래의 투명성과 보안을 강화하며, 금융 소외 계층에게도 접근성을 제공하는 장점을 가지고 있다.

스마트폰의 대중화와 다양한 SNS의 등장으로 국가 간 물리적인 체감 거리는 크게 줄었지만, 금융 시스템 상에서는 여전히 멀리 떨어져있다. 하지만 블록체인 네트워크를 사용하면 그 거리를 줄여 매우 빠른 결제 및 송금 서비스를 이용할 수 있다. 이처럼 디지털 자산은 단순한 투자 수단을 넘어 스마트 콘트랙트, 디파이(DeFi), 게임 화폐, 국제 송금 등 다양한 응용 분야에서 활용되고 있다.

은행 없는 은행, 디파이 시대가 온다

디파이(DeFi), 앞서 계속 언급한 탈중앙화 금융이란 무엇인지 자세히 들여다보자. 이는 디지털 자산을 기반으로 전통적인 금융기관의 개입 없이 이뤄지는 블록체인상 금융 서비스를 뜻한다. 전통 금융 시스템에서는 저축을 하려 해도 은행과 같은 중개자가 필요하지만 디파이에서는 중앙 매개체 없이 스마트콘트랙트를 이용하면 참여자 간 자유롭게 거래할 수 있다. 정부나 은행 등 중앙기관의 개입 없이 블록체인 기술을 활용해 보험이나 대출, 예금 등의 금융서비스가 가능하다는 뜻이다.

중개자가 없다 보니 중개 수수료를 최소화할 수 있고, 신뢰 보증기관의 제한에 구애받지 않고 서비스를 이용할 수 있다는 점도 장점으로 꼽힌다. 게다가 클릭 만으로 지구 반대편 사람에게 돈을 빌릴 수도 있고, 기존 금융에 비해 복잡한 절차나 심사 기간을 거치지 않아도 실시간 이용 가능하다. 이러한 디파이의 편리성과 효율성은 탈중앙화 금융의 가능성을 보여주면서 금융시스템 혁신의 신기술로 받아들여졌다.

디파이(DeFi) 플랫폼은 은행 없이도 대출, 차입, 이자 수익, 보험, 거래소 등의 금융 서비스를 제공한다. 은행처럼 중앙화된 방식이 아닌 디파이(DeFi)라는 개념이 본격적으로 회자하기 시작한 지는 그리 오래되지 않았다.

우리에게 익숙한 은행이나 금융 중개업자 등 전통적인 중개 기관을 거치지 않고, 사용자가 직접 P2P(Peer-to-Peer) 방식으로 금융 서비스를 이용할 수 있다는 게 조금은 생소할 수 있다. 하지만 이런 생각도 매우 빠른 속도로 개선되고 있다. 은행들이 앉아서 '이자놀이'하며 배를 불린다는 불만을 비롯해 이제는 기존 금융권의 신뢰를 대체할 '기술'들에 대한 믿음이 굳건해지고 있기 때문이다.

'디파이(DeFi)'는 블록체인 기술을 활용해 불필요한 중개자 없이 누구나 손쉽게 대출, 거래, 투자 등의 금융서비스를 이용할 수 있다. 심지어 기존 시중 은행을 모두 대체할 수 있을 정도다. 자금이 필요한 사람이 은행에 가서 심사를 통해 특정 금리로 대출을 받는 대신, 개인끼리 직접 P2P 방식으로 돈을 빌려주고 받을 수 있다.

디파이(DeFi)는 ▲이용하기 쉽고 ▲중앙기관의 통제 없이 구성원들 간의 합의로 자유롭게 운영되며 ▲거래 내역이 투명하다는 등의 차별성을 갖췄다. 이를 활용하면 불필요한 중개자 없이 누구나 손쉽게 금융서비스를 이용할 수 있다. 기존 전통적 금융기관의 전유물처럼 여겨졌던 신뢰를 블록체인 기술로 일부 이전시켜 신용위험도 제어한다.

디파이(DeFi)는 이용자들 간 신뢰를 보증할 수 있는 체계가 필요하며, 퍼블릭 블록체인 기술인 이더리움(Ethereum)의 스마트 계약(Smart contract) 기술을 통해 이를 해결한다. 스마트 계약은 특정 조건이 충족되면 자동으로 계약이 실행되도록 구현한 시스템을 말한다. 안정적인 서비스를 제공하기 위해 법정화폐에 연동되거나 가상자산을 담보로 발행된 스테이블코인(Stablecoin)을 거래 수단으로 활용하기도 한다.

디파이가 중앙 기관 통제 없이 이뤄진다면 기관 통제 속에 운영되는 씨파이(CeFi, 중앙화금융)도 있다. 씨파이는 중앙화 금융 (Centralized Finance)의 약자로 기관 통제 아래에 있는 가상자산 금융 서비스를 뜻한다. 씨파이는 구매자와 판매자를 연결하고 가상자산 거래에서 필요한 기능을 제공한다는 점에서 디파이와 기본적 구조는 유사하다. 하지만 씨파이는 당국의 규정을 준수할 의무를 지닌다는 점에서 차이가 있다. 국내 주요 거래소에서는 고팍스가 이와 비슷한 개념의 '고파이'(GoFi)를 운영하고 있다.

국경 간 경계를 허물다

디지털 자산이 기존 화폐를 뛰어넘을 수 있는 힘은 바로 한계가 없다는 데에서 나온다. 국경을 넘어 전 세계 어디에서든지 통용된다는 점에서 무한한 가능성을 지닌다. 실제로 디지털 자산이 가져온 변화는 곳곳에서 나타난다. 우선 국제 송금 및 결제 분야에서도 큰 변화를 불러오고 있다. 전통적인 국제 송금은 시간과 비용이 많이 들지만, 암호화폐를 이용하면 거의 실시간으로 저렴한 비용으로 송금이 가능하다. 예를 들어, 리플(Ripple)의 XRP는 국제 송금을 위한 솔루션으로 널리 사용되고 있다. 리플은 은행 간 실시간 결제를 가능하게 하는 방식으로 기존의 스위프트(SWIFT) 시스템보다 빠르고 저렴한 송금 서비스를 제공한다.

2024년 3월 11일 블라디미르 푸틴 러시아 대통령은 '디지털 금융 자산, 디지털 통화에 관한 러시아 연방법'(259-Φ3) 개정안에 서명했다. 이 법안은 디지털 금융 자산(DFAs)과 비트코인 등 디지털 화폐의 채굴 및 판매를 합법화하며, 중앙은행 디지털 통화(CBDC)를 외국과의 무역 거래에서 사용할 수 있도록 허용한다. 특히 러시아 기업들은 '루블' 등 디지털 화폐를 이용하면 해외 기업과도 거래할 수 있다.

해당 법안을 제출했던 러시아 국회의 금융시장위원회 위원장인 아나톨리 악사코프는 러시아 수출입 기업들이 무역 거래 시 디지털 자산을 활용하면 규제를 덜 받도록 지원하겠다고 설명했다. 출입 기업들이 제재의 영향을 덜 받도록 도울 것이라고 설명했다. 러시아 중앙은행 총재인 엘비라 나이불리나(Elvira Naibullina)도 '대외 결제수단으로서 가상자산의 활용 가능성'을 적극적으로 언급했다. 이처럼 러시아 내에서 가상자산의 대외결제 활용에 대한 기대감은 점차 높아지고 있다.

앞서 엘살바도르는 2021년 9월 비트코인을 법정 통화로 채택해 세계 최초로 결제 수단으로 사용하고 있다. 나이브 부켈레 대통령의 이 같은 파격적인 결단 이후 엘살바도르는 자유로운 여행의 중심지이자 금융 혁신지로 떠올랐다. 게다가 수천 개의 일자리까지 창출되었다.

실제로 부켈레 대통령의 선택은 옳았다. 세계은행에 따르면 엘살바도르의 성인 인구 대비 은행계좌 보유 비율은 2020년 약 30%에서 2021년 35%, 2022년 40%, 2023년 약 47%까지 매년 증가했다. 비트코인을 법정 통화로 채택한 이후 금융 접근성이 더욱 향상된 결과로 볼 수 있다.

중앙아프리카공화국은 엘살바도르에 이어 2022년 4월 비트코인을 법정 통화로 채택했다. 이 밖에 미국 일본, 브라질 등도 비트코인을 합법적인 결제 수단으로 허용하며, 디지털 자산 거래와 규제를 통해 경제적 효율성을 추구하고 있다.

부동산까지 한계를 뛰어넘다

부동산 거래에서도 디지털 자산과 블록체인 기술은 활발히 사용되고 있다. 블록체인은 부동산 소유자에게 디지털 증명서를 제공하는 방식으로 거래 과정을 투명하게 기록하여 거래 신뢰도를 높인다.

프로피(Propy)와 같은 플랫폼은 부동산 거래를 블록체인에 기록하여 투명성과 보안성을 높이는 서비스를 제공한다. 프로피는 두바이와 미국 캘리포니아의 부동산 거래에서 블록체인 기술을 활용해, 해외 투자자에게 주택을 매도하고 모든 거래 기록을 투명하게 공개하고 있다. 프로피는 암호화폐를 담보로 부동산 대출을 제공하는 아브라(Abra)와 협력해, 비트코인 등 디지털 자산으로 부동산을 구매할 수 있는 서비스를 제공하고 있다.

리얼블록(RealBlocks)은 부동산 자산을 토큰화(tokenization)해 소액 투자자들도 부동산에 쉽게 투자할 수 있도록 한다. 실제로 리얼블록은 2021년 말에 뉴욕의 한 다가구 주택을 1800만 달러 상당으로 토큰화해 플랫폼에 상장했다. 투자자들은 최소 1만달러부터 투자할 수 있었으며, 이는 기존의 전통적인 부동산 투자 기준보다 낮은 금액이다. 가격 허들이 낮아지며 투자자들의 접근성이 개선된 것이다

엔터까지 일상 곳곳에 스며들다

디지털 자산과 블록체인 기술은 게임 및 엔터테인먼트 산업에서도 활발히 사용되고 있다. 블록체인 기반 게임은 게임 내 자산을 진

정한 소유로 만들고, 이를 거래할 수 있는 환경을 제공한다. '플레이 투 언(Play to Earn,P2E)'게임이 대표적이다. 가장 유명한 P2E게임으로는 '액시인피니티(Axie Infinity)'가 있다. 이름에서도 알 수 있듯이, 게임 플레이어는 게임을 하며(play) 디지털 자산을 벌 수(to earn) 있다.

액시인피니티는 플레이어가 몬스터를 수집하고 배틀을 통해 보상을 얻는 게임이다. 게임 내에서 획득한 자산은 블록체인 기술을 통해 실제 경제적 가치를 가지게 된다. 플레이어는 게임에서 얻은 자산을 마켓플레이스에서 거래할 수 있으며, 실제 수익까지 창출할 수 있다.

특히 액시인피니티는 이더리움 블록체인 기반으로 만들어진 게임으로, 게임의 몬스터 캐릭터 '액시(Axie)'는 NFT(Non-Fungible Token)형태로 존재한다. 플레이어는 게임 내 몬스터인 '액시(Axie)'를 번식시키고, 배틀에서 이기면 '스몰러브포션(Small Love Potion, SLP)'이라는 토큰을 얻을 수 있다. SLP는 거래소에서 실제 화폐로 교환이 가능하다. 액시인피니티는 게임을 하면서 수익까지 거둘 수 있는 P2E라는 게임 모델을 선보인 것이다.

국내 게임 대기업인 위메이드는 블록체인과 게임 생태계 결합에 진심이다. 위메이드는 위믹스(WEMIX) 3.0 플랫폼에서 자체 블록체인 네트워크를 개발한 뒤 자사가 개발하거나 퍼블리싱한 게임들을 블록체인상에 온보딩했다. 위믹스는 전통적인 게임을 블록체인 게임으로 바꾸어, NFT를 통해 게임 내 자산의 진정한 소유권을 부여하고자 한다. 위메이드는 글로벌 확장을 위해 국제적 협력도 적극 추진 중이다.

게임 외에도 레저나, 엔터테인먼트 업계에서도 디지털 자산의 활약은 이어지고 있다. P2E이 열풍이 한풀 꺾인 2023년에는 '무브 투 언'(Move to Earn, M2E)' 모델의 디앱(dApp, decentralized application)이 등장했다. M2E은 사용자가 특정 활동, 예를 들어 운동하며 디지털 자산을 벌 수 있게 한다. 이는 단순한 게임을 넘어, 블록체인 기술이 다양한 생활 영역에 걸쳐 활용될 수 있음을 보여준다.

M2E의 개념을 알린 건 '스테픈'(STEPN)이다. 스테픈은 사용자가 걷거나 달리기를 통해 '그린 사토시 토큰(Green Satoshi Token, GST)'을 획득할 수 있는 애플리케이션이다. 사용자는 NFT 형태의 운동화 아이템을 구매하고, 이를 통해 운동하면 GST를 얻을 수 있다. 이는 건강 증진과 경제적 보상을 동시에 제공하며, 사용자에게 새로운 동기를 부여한다.

국내 기업들도 블록체인을 일상에 적용하기 위해 다양한 시도를 했다. 카카오는 자사의 여러 서비스를 블록체인과 결합하고자 클레이튼(Klaytn) 블록체인을 개발했다. 클레이튼 네트워크는 라인이 개발한 블록체인 핀시아와 통합을 추진 중이다. 케이팝(K-Pop)이

전 지구적인 인기를 끌면서 블록체인 기반 케이팝 기업도 등장했다. JYP엔터테인먼트, 울림엔터테인먼트, 블록베리크리에이티브의 A&R 출신인 정병기 대표가 지난 2021년에 설립한 모드하우스다. 모드하우스는 '오픈 아키텍처 엔터테인먼트 생태계'를 목표로 메타버스와 블록체인 등 IT 영역의 전문 크리에이터들과 힘을 모아 걸그룹 프로젝트 '트리플 S'를 선보였다. 모드하우스는 NFT를 활용해 팬들이 NFT 포카(포토카드)를 구매하고 이를 투표 토큰으로 사용할 수 있게끔 했다. 이를 통해 팬들은 노래 선택, 앨범 디자인 등 그룹의 의사 결정에 참여할 수 있다. 블록체인을 활용한 팬덤의 탈중앙화를 엿볼 수 있다.

스테이킹의 매력, 심지어 고금리 이자까지?

코인 예치로 불리는 스테이킹은 쉽게 말해 보유한 코인을 맡기고 그에 대한 보상으로 코인을 받는 서비스다. 구조만 보면 기존 은행권의 이자 사업과 비슷하다. 하지만 자세히 들여다보면 보상을 제공하는 과정에서 차이가 존재한다.

예금의 경우 은행은 이용자가 맡긴 돈을 '운영'해 이익을 낸 뒤 예치한 금액에 대한 일정 수준의 '이자'를 대가로 지급한다. 하지만 스테이킹은 다르다. 이용자가 맡긴 코인을 거래소가 해당 코인의 블록체인 검증에 '활용'한 뒤, 그 '보상'으로 코인을 지급한다는 점에서다. 다시 말해 거래소는 이용자가 맡긴 코인을 블록체인 검증에 활용하도록 중간에서 '대행'하는 중개인일 뿐 은행과 같이 자산을 '운용'하는 곳이 아니다. 최근 국내 스테이킹 서비스도 조 단위로 불어나 놀라울 따름이다. 2년 만에 1000% 넘게 뛴 수준이다. 가상자산 거래소 업비트가 운영하는 스테이킹 서비스의 누적 예치액이 지난달 3조원을 넘겼다. 이는 2년 전과 비교하면 10배 이상 성장한 규모다. 자본시장연구원이 2023년 5월 발간한 보고서(국내외 중앙화 거래소의 스테이킹 서비스 현황)에 따르면 지난 2022년 1분기 국내 대형 가상자산 거래소 A의 스테이킹 서비스 누적 예치액은 2724억원에 달한다. 업비트가 같은 시기(2022년 1월) 스테이킹 서비스를 시작한 점을 감안하면 예치액은 1001% 늘어난 셈이다. 서비스 규모만큼 제공하는 이자 단위도 커졌다. 현재 업비트는 ▲이더리움 ▲코스모스 ▲에이다 ▲솔라나 ▲폴리곤 등 가상자산 5종의 스테이킹을 지원하고 있다. 연 추정 보상률은 가상자산 별로 다르다. 가장 인기가 많은 이더리움(ETF)을 기준으로 계산하면 한해 이자는 930억원으로 집계된다. 업비트가 추정한 이더리움 스테이킹 연간 보상률은 3.1%다.

추정 보상률이 가장 높은 코스모스(ATOM)로 계산하면 이자 단위는 5배 넘게 뛴다. 2024년 기준 코스모스 연 추정 보상률(16.6%)

로 따지면 스테이킹 이자만 4980억원이 나가게 된다. 하지만 거래소를 통한 스테이킹과 플랫폼을 통한 스테이킹은 위험 수준이 완전히 다르다. 거래소의 스테이킹 서비스는 '씨파이'라고 부른다. 센트럴라이즈드 금융이라는 말의 조합이다. 반면 플랫폼 베이스의 스테이킹 서비스는 '디파이'라고 부른다. 디센트럴라이즈+금융의 조합이다.

코인 예치는 기존 예금 상품보다 높은 이자를 제공하는 점이 매력이다. 다만 그만큼 리스크도 높다는 점에 유의해야 한다. 국내 원화 C거래소가 대표적이다. 이 거래소의 자체 예치 서비스는 지난 2022년 FTX 파산 사태 여파로 현재까지 출금을 중단한 상태다. 당시 묶인 전체 피해 자산 규모만 700억원에 달했다. 이후 바이낸스 자금으로 일부(25%) 금액이 상환됐지만, 가상자산 가격 상승에 따라 나머지(75%) 미지급금은 2023년 말 기준 640억원까지 불어났다.

최근에는 '리스테이킹(Re-Staking)'이 인공지능(AI)과 현실세계 자산(RWA)을 잇는 코인 업계 테마로 부상하고 있다. 리스테이킹이란 스테이킹된 자산 일부를 담보로 여러 네트워크를 동시에 스테이킹하는 방식이다. 이 과정에서 슬래싱 위험이 증가하지만 대신 추가 스테이킹(재스테이킹) 보상을 받을 수 있다. 하지만 이 역시 자산 몰수 등 리스크가 뚜렷한 점도 함께 지적된다. 슬래싱은 스테이킹 과정에서 블록체인 네트워크에 해를 가하면 스테이킹한 가상자산의 일부를 몰수하는 기능이다.

대표 이더리움 리스테이킹 플랫폼 아이겐레이어는 이런 관심을 벌써 증명했다. 2024년 초 대비 총 예치금액(TVL)이 1400% 가까이 뛴 것이다. 렌조(REZ)도 대표 이더리움 리스테이킹 테마 코인이다. 렌조는 아이겐레이어에서 리스테이킹을 관리하기 위해 만들어진 프로토콜로, 기존 이더리움 스테이킹보다 높은 수익률을 제공하는 것을 목표로 한다.

꼭 알아야 할 필수 코인들

디지털 자산 시장에는 수많은 코인이 존재하지만, 모든 코인이 같은 가치를 지니는 것은 아니다. 투자자들은 다양한 코인의 특성과 용도를 이해하고, 신중하게 선택해야 한다. 투자 전에 대표적인 코인들에 대해 알아보자

코인계의 대장주_비트코인(BTC)

세계 최초의 분산 디지털 화폐이자 암호화폐 시장을 대표하는 코인, 바로 '비트코인'(BTC)이다.비트코인은 2009년 사토시 나카모토라는 익명의 개발자의 손에서 세상에 처음 공개됐다. 이는 중앙은행과 금융기관에 대한 불신이 극에 달했던 글로벌 금융위기 상황에서 탈중앙화된 금융 시스템의 대안으로 제안되었다. 2009년 1월 첫 번째 블록이 채굴되며 비트코인이 탄생했다.

처음에는 디지털 화폐로서 주목받지 못했으나, 2010년 5월 라스즐로 하니에츠가 10,000 BTC로 피자 두 판을 구매한 사건이 비트코인의 첫 실제 거래로 기록되면서 주목받기 시작했다. 2013년에는 1BTC당 가격이 처음으로 1,000달러를 돌파하며 본격적인 관심을 받기 시작했다.

2017년은 비트코인이 금융상품으로서 자리 잡는 전환점이 되었다. 시카고 옵션거래소(CBOE)와 시카고 상업거래소(CME)에서 비트코인 선물 거래가 시작되었고, 이는 비트코인이 금융시장에 진입하는 중요한 계기가 되었다. 세계 최대 디지털 자산 운용사인 그레이스케일(Grayscale)은 2013년 비트코인트러스트(GBTC)를 출시하며 비트코인을 전통적인 금융상품으로 접근할 수 있는 길을 열었다.

비트코인이 금융 자산으로 공식 인정받게 된 건 2021년 10월 출시된 프로셰어즈(Proshares)의 비트코인 선물 ETF 비토(BITO)가 나오면서다. 그전까지 발키리 인베스트먼트, 반에크, 인베스코, 갤럭시디지털, 위즈덤트리, 비트와이즈, 아크 인베스트까지 유수의 월가 자산운용사들이 미국 증권거래위원회(SEC)의 문을 두들겼지만, 게리 겐슬러의 마음을 열진 못했다. BITO가 출시된 이후에서야 발키리, 반에크의 비트코인 선물 ETF 상품도 승인될 수 있었다. BITO 출시 후 한 달이 지난 2022년 11월 비트코인 개당 가격은 68,900달러까지 오르며, 당시 기준 역대 최고가를 찍었다.

BITO의 영광이 희미해진 뒤 세간의 관심은 비트코인 현물 ETF 출시로 쏠렸다. 선물ETF가 출시된 뒤 원화 기준 약 8200만원까지 올랐던 비트코인 가격이 곤두박질쳤기 때문이다. 시장은 새로운 호재를 찾았고, 선물이 아닌 비트코인 그 자체를 거래할 수 있는 파생상품 현물 ETF를 원했다. 비트코인은 2021년 11월 전점을 찍은 이후 18개월간 하향 곡선을 그리며 한때 1600달러까지 내렸다. 이때 디지털자산 시장에 거대한 메기가 합류했다. 블랙록이 2023년 6월 비트코인 현물 ETF 신청서를 SEC에 제출한 것이다.

블랙록은 운용 규모 기준 세계 1위의 자산운용사이며, SEC에 제출한 상품 출시 신청서 575건 중 승인이 거절된 건 단 한 건에 불과했다. 승률이 확실한 운용사가 공을 던진 만큼 시장은 비트코인 현물 ETF의 출시가 확실하다고 봤다.

블랙록은 현물 ETF 승인을 위해 비트코인 가격 조작 방지를 위해 서베일런스-쉐어링 계약을 포함하여 시장 조작 위험을 줄이기 위한 조치를 명시했다. 초기에는 비트코인 현물 ETF의 승인이 어려울 것이라는 회의적인 전망이 있었지만, 블랙록은 SEC의 우려를 반영하여 신청서를 여러 차례 수정한 결과 2024년 1월 SEC는 블랙록을 포함한 11개의 비트코인 현물 ETF 신청을 승인했다. 현물 ETF 출시를 둔 블랙록과 SEC의 줄다리기 동안 시장은 뉴스에 들썩거리며 널 뛰기했다.

현물 ETF 출시는 비트코인이 주류 금융시장에 더 깊이 통합되는 중요한 전환점이다. 보수적인 기관이나 투자자들도 안전하게 비트코인의 접근할 수 있는 이유에서다. 물론 비트코인의 탄생 의미와 중앙기관을 통해 거래되는 비트코인 파생상품은 대척점에 있다. 하지만 비트코인에 관심 없는 대중들이나 비트코인 회의론자들에게 비트코인의 가치를 알릴 수 있다는 점에서 비트코인 지지자들은 현물 ETF의 출시에 환호했다.

성격 다른 둘째형_이더리움(ETH)

이더리움은 시가총액 2위의 디지털 자산이자 올해 두 번째로 미국에서 거래가 시작된 디지털자산 현물 ETF의 주인공이다. 2023년 하반기 디지털자산 시장을 비트코인 현물 ETF 뉴스가 이끌었다면, 2024년 상반기는 이더리움 현물 ETF 이슈가 주도했다.

이더리움은 2015년 비탈릭 부테린이 개발한 블록체인 네트워크다. 비트코인 네트워크와 달리 스마트 콘트랙트(smart contract) 기능이 있다. 스마트 콘트랙트란 특정 조건이 충족되면 자동으로 계약 내용을 실행하는 프로그램이다. 이해를 돕기 위해 은행 서비스와 비교해 살펴보려 한다.

기존 은행 서비스를 이용해 친구에게 돈을 보내는 경우를 생각해보자. 이 과정에서 은행은 중개인 역할을 한다. 내가 친구에게 송금 요청을 하면, 은행은 계좌를 확인하고 금액을 차감한 후 친구의 계좌에 돈을 입금한다. 이 과정에서 은행은 모든 거래를 검토하고 처리한다. 처리 대행의 대가로 수수료를 부과할 수 있으며, 은행의 영업시간과 규정에 따라 송금이 지연될 수도 있다.

이더리움의 스마트 콘트랙트는 은행과 같은 중개인을 없앴다. 그 대신 자동화 프로그램이 계약을 실행한다. 예를 들어, 나와 친구가 일정 조건(특정 날짜에 일정 금액을 송금)이 충족되면 자동으로 친구에게 이더리움이 송금되도록 설정할 수 있는 스마트 콘트랙트를 만들 수 있다. 이 스마트 콘트랙트는 블록체인에 기록되며, 한 번 작성되면 수정할 수 없고 모든 조건이 충족될 때까지 자동으로 실행된다. 이는 마치 은행에서 자동 송금 기능을 설정한 것과 비슷하지만, 중개인이 필요 없고, 계약 내용이 투명하게 공개되며, 신뢰할 수 있는 시스템에 의해 자동으로 관리된다는 점에서 큰 차이가 있다.

이더리움의 네이티브 토큰(일종의 기축통화)인 이더(ETH)는 스마트 콘트랙트 실행 비용을 지불하는 '가스비(Gas fee)'로 사용되며,

이 가스비는 이더리움 네트워크의 운영을 지원한다. 이더리움은 비트코인과 달리, 다양한 응용 프로그램과 디파이 서비스를 개발할 수 있는 플랫폼으로 이더리움 생태계를 만들고 있다.

이더리움의 창시자인 비탈릭은 비트코인의 한계를 극복하고 블록체인 기술을 더 넓게 활용하기 위해 이더리움을 설계했다고 말한다. 이더리움 백서에서 부테린은 이더리움을 '탈중앙화된 월드 컴퓨터'라고 설명했다.

비트코인의 뒤를 잇는 이더리움 말고도 진짜 이더리움은 따로 있다. 우리가 알고 있는 이더리움은 사실 기존의 블록체인에서 분리된 새로운 체인이고, 오리지널 블록체인은 '이더리움 클래식(ETC)'이다. 이더리움 클래식은 비트코인의 사토시 정신을 지지하는 이용자들에 의해 살아남은 디지털 자산이다.

이더리움이 '더다오(The DAO)' 해킹 사건을 계기로 이더리움 클래식과 분리되기 전까지 이 둘은 하나의 체인이었다. 더다오는 이더리움 사건이다. 해커들이 이를 공격해 약 520억원의 피해를 입힐 뻔한 사건으로 해커들은 이더리움으로 환전을 해주는 스플릿이란 기능의 약점을 노려 코드 오류를 일으킨 뒤 부당이득을 취하려고 했다. 다행히 인출 전에 이더리움 개발팀이 조처해 피해는 발생하지 않았지만 시스템 안전성에 대한 개발자들의 고민을 불러 일으켰다.

해킹은 이더리움 체인의 문제가 아닌 더다오의 약점을 이용한 것이었지만 이더리움 개발자들은 이를 계기로 문제를 해결하기 위해 머리를 맞댔다. 우선 소프트포크를 통한 방안과 하드포크를 통한 방안 그리고 '코드가 법이다'(Code is law)란 원칙에 따른 무대응 등의 방안을 고안해냈다. 개발자들은 이 중 하드포크를 이용해 블록체인을 다시 재작성해 이전의 기록을 무효화하고 기존 해커들이 가져간 이더리움을 기존 보유자들에게 주기 위해 새 블록체인으로 옮기기로 한다. 즉 새로운 암호화폐의 탄생을 의미한다.

이때 하드포크를 통해 생성된 새로운 체인이 현재의 이더리움(ETH)이다. 반면 하드 포크를 거부하고 원래의 체인을 유지한 것이 이더리움 클래식(ETC)이다. 이더리움 클래식은 원칙적으로 블록체인의 불변성을 강조하며, 원래의 이더리움 네트워크를 유지하고 있다.

이렇게 기존 이더리움은 새로운 이더리움의 등장으로 '이더리움 클래식'이라는 이름을 얻게 되었다. 이더리움 클래식은 이더리움의 모태로 흔히 '이클'로 줄여서 부른다. 이 때문에 한창 이클이 시장의 관심을 받던 시기에는 각종 커뮤니티에서 '이클'로 벤츠 이클래쓰(E-Class)를 살 수 있다는 농담이 나오기도 했다. 실제로 이클은 2021년 3월 말 13,000대 사이에서 움직였으나 이후 조정장을 지나고 이듬해 5월 20만원까지 오르며 약 1400%가 넘는 급등세를 기록한 바 있다.

이더리움은 2020년 디파이 붐과 함께 큰 성장을 이뤘으며, 이더리움 기반의 디파이 프로젝트들은 전통적인 금융 서비스를 탈중앙화된 형태로 제공하며 많은 투자자의 관심을 끌었다. 지금은 미국에서 거래되는 두 번째 디지털자산 현물 ETF로 전통 금융권에서 다양한 투자자들을 만나고 있다.

증권법 위반 논란_ 리플(XRP)

리플은 한국에서 가장 인기가 많은 암호화폐 중 하나다. 전 세계 리플 거래량의 약 50%가 한국에서 발생할 정도로 국내에서 입지가 탄탄하다. '코인블록체인위크(KBW) 2024'에서는 리플의 CEO 브래드갈링 하우스(Brad Garlinghouse)가 직접 방한하며 한국에 대한 깊은 관심과 애정을 표현하기도 했다.

XRP는 2012년에 리플 랩스(Ripple Labs)가 개발한 디지털자산이다. 주로 국경 간 송금과 결제를 목표로 하는 블록체인 기반 프로토콜인 리플넷(RippleNet)의 핵심 요소로 사용된다. 리플의 창시자인 브래드 갈링하우스를 비롯한 팀은 기존 금융 시스템의 국제 송금이 느리고 비용이 많이 든다는 문제를 해결하고자 했다. 기존의 국제 송금은 스위프트(SWIFT · 국제은행간통신협회) 네트워크를 통해 이루어지고 있다. 현재 국제 송금은 중개 은행들이 참여해 시간이 오래 걸릴 뿐만 아니라, 중개 기관이 여러 개다 보니 송금 수수료도 높은 편이다.

리플넷은 전 세계의 은행과 결제 제공지, 디지털 자산 거래소 등을 연결해 국경 간 송금을 실시간으로 처리하는 네트워크다. XRP는 이 네트워크에서 중요한 역할을 하며, 다양한 법정 화폐 간의 환전을 원활하게 하는 브릿지 통화로 사용된다. 예를 들어, 한국 원화를 미국 달러로 송금하려면 원화를 XRP로 변환한 후, 이 XRP를 다시 미국 달러로 변환해야 한다. 이 과정은 매우 빠르고 효율적이며, 기존의 국제 송금 방식보다 비용이 훨씬 적게 든다.

리플은 디지털자산 시장에서 중요한 위치를 차지하고 있지만, 2020년 12월 미국 증권거래위원회(SEC)로부터 소송을 당했다. SEC는 리플을 미등록 증권으로 판매했다고 주장했고, 이는 XRP의 가격에 큰 영향을 미쳤다.

리플은 전 세계의 주요 금융 기관들과 파트너십을 맺고 있다. 일본의 SBI 홀딩스, 스페인의 산탄데르 은행, 아랍에미리트의 아랍 은행 등 여러 글로벌 은행이 리플넷을 통해 국경 간 송금을 처리하고

있다. 이러한 파트너십은 리플이 금융 산업에서 중요한 역할을 할 가
능성을 높이고 있다.

안정성을 제공하다_테더(USDT)

테더(USDT)는 2014년 브록 피어스(Brock Pierce)와 크레이그 셀
라스(Craig Sellars), 리브 콜린스(Reeve Collins)에 의해 탄생한 대표
적인 스테이블코인(Stable Coin)이다. 테더는 달러와 1대 1로 가치
가 연동돼, 발행된 수량만큼의 달러를 발행사가 준비금으로 은행에
보관하는 것이 특징이다. 가격이 고정돼 있어 투자 수단보다는 글로
벌 거래소 사이 송금 수단으로 주로 쓰인다.

테더는 디지털자산 시장에서 달러와 같은 법정화폐의 안정성
을 제공하기 위해 만들어졌다. 몇 년 전만 하더라도 디지털자산 시
장의 변동성은 하루에도 몇 번씩 수십 퍼센트를 널뛰던 이유에서
다. 테더는 법정화폐의 안정성이 필요한 투자자들의 필요를 반영해,
1개의 USDT가 1달러에 항상 고정된 가치로 거래되도록 설계되었
다.

테더는 디지털자산과 법정화폐를 연결하는 다리 역할을 하며, 블
록체인 기반 거래에서 달러와 같은 안정된 자산으로 활용될 수 있도

록 만들어졌다. 이를 통해 투자자들은 변동성이 큰 디지털자산 시장에서 상대적인 안정성을 유지할 수 있게 되었으며, 테더는 빠르게 시장에서 큰 인기를 얻었다.

하지만 테더는 논란도 끊이지 않았다. 국내 디지털자산 거래소에서는 테더를 상장(리스팅)하기 꺼려했을 정도다. 여기에는 국내외 규제 불확실성이 가장 크게 작용했다. 테더는 달러와 같은 가치를 가져 사실상 외환(FX)과 비슷하다. 외환은 금융기관만 취급할 수 있어, 법적 분류가 이뤄지지 않은 상태에서 디지털자산 거래소가 이를 상장할 경우 추후 외환 거래법 위반 소지가 있기 때문이다.

지난 2022년 국내외에 큰 충격을 안긴 '테라-루나' 사태 때도 스테이블 코인인 테라(UST)의 디페깅(법정화폐와의 1대1 고정된 가치가 어긋나는 것)으로, 스테이블 코인에 대한 부정적 인식이 고조되면서 스테이블 코인 자체에 신뢰가 바닥을 쳤다.

테더를 둘러싼 논쟁은 국내를 넘어 미국까지 이어진다. 테더는 지난 2019년부터 미국 검찰과 의회로부터 공개된 준비금 내역이 실제보다 부족하다는 의혹을 받고 있다. 테더가 주장하는 1:1 달러 준비금이 실제로 존재하는지에 대한 의문이 제기되었고, 2021년 뉴욕 검찰총장은 테더가 준비금에 대한 허위 주장을 했다고 결론짓고 1,850만 달러의 벌금을 부과했다. 이 사건은 테더의 투명성과 신뢰성에 대한 논쟁을 촉발했다.

또 최근에는 미국 정부의 규제 강화와 관련하여 테더의 주요 고객들에 대한 법적 조치가 이어지면서 테더도 압박을 받고 있다. 테더는 2023년 말부터 여러 지갑을 블랙리스트에 추가하고, 규제 당국과 협력을 강화하는 모습을 보인다. 이런 조치는 테러 자금 조달 방지와 관련한 것으로 테더는 계속해서 법적 및 규제적 문제에 직면할 가능성이 있다

그런데도 테더는 여전히 세계에서 가장 많이 사용되는 스테이블 코인으로 자리 잡고 있다. 테더가 무너질 경우 시장 전체에 심각한 영향을 미칠 수 있다는 점에서도 간과할 수 없다. 하지만 테더의 미래는 여전히 불확실하며, 규제 당국과의 갈등, 준비금 투명성 문제 등 다양한 리스크가 존재하고 있다.

리플이 출시한다는 스테이블 코인 'RLUSD'

국내 인기 알트코인 리플이 자체적으로 출시하는 스테이블 코인에 이목이 집중된다. 200조원 규모로 성장한 스테이블 코인이 추가 수입원이 될 수 있기 때문이다. 리플은 미국 달러화에 1대1로 연동된 스테이블코인을 출시할 계획이라고 공식 발표했다.

리플이 발행하는 스테이블코인은 달러 예금과 미국 단기 국채 등의 현금등가물로 100% 담보하는 것이 특징이다. 해당 준비자산은 제3자 회계법인의 감사를 받게 되고, 리플은 매월 증명 자료를 발행할 계획이다. 주요 알트코인 중에서 스테이블코인 후발주자로 나서는 경우는 리플이 처음이다. 현재 스테이블코인 시장은 테더(USDT)와 USDC 등이 점유율 각각 70%와 20%를 각각 차지하고 있다. 나머지 10%를 둘러싼 치열한 경쟁에 리플이 출사표를 던진 셈이다.

부활한 게임 코인_위믹스(WEMIX)

위믹스(WEMIX)는 한국의 게임 개발사 위메이드(Wemade)가 개발한 블록체인 게임 코인으로, 게임 내에서 사용되는 디지털 자산이다. 위믹스는 국내 디지털자산 거래소에서 일제히 상장폐지 되었다가(Delisting) 석 달도 안 돼 재상장하는 웃지 못할 역사를 가졌다.

위믹스는 지난 2022년 말 한국의 5대 원화마켓 디지털 자산거래소에서 상장폐지됐다. 위메이드가 업비트에 보고한 위믹스 토큰의 유통량과 실제 유통량 사이에 큰 차이가 발견됐기 때문이다. 위메이드는 7,245만 개 이상의 위믹스 토큰을 추가로 발행했지만, 이 사실을 거래소나 공식 커뮤니티에 제대로 보고하지 않았다.

특히 모회사인 위메이드가 위믹스 토큰을 발행해 자금 조달에 사용하고, 이를 회사의 사옥 구입 및 자회사 매입 등에 활용했다는 점이 큰 비판을 받았다. 이는 디지털 자산을 통한 자금 조달이 본래의 블록체인 기술의 목적과는 다르게 사용되었다는 비판을 초래했다. 국내 게임 대기업이 만든 디지털 자산 위믹스에 대한 신뢰감을 나락으로 떨어뜨린 계기가 되었다.

위믹스(WEMIX)의 상장폐지 여부가 국내 디지털자산 업계를 뒤흔든 가운데, 위메이드는 위믹스를 상장폐지한 국내 원화마켓 거래소를 상대로 상장폐지 결정 효력 정지 가처분 신청을 내며 법적 공방에 나섰다.

하지만 거래소들의 상장폐지 결정 한 달여 뒤인 2023년 12월 회생의 기회를 얻게 된다. 국내 5대 디지털자산 거래소 협의체인 닥사(DAXA)가 발표한 상장 심사 공통 가이드라인에 따르면 상장폐지한 자산도 그 사유가 해소되면 재상장이 가능해졌다. 새로운 지침 덕분에 위믹스는 두 달 만에 코인원을 시작으로 차례로 원화마켓에서 재상장되었다. 주식시장에서는 찾아보기 어려운 사례다.

비슷한 사례로는 페이코인(PCI)이 있다. 페이코인도 금융위원회와 갈등을 겪다 결국 국내 거래소에서 상장폐지되며 퇴출됐지만, 결국 재상장에 성공했다. 앞서 2023년 금융당국은 페이코인의 결제 서비스에 은행 실명계좌 확보가 필요하다며 가상자산사업자(VASP) 변경 신고를 요구했다. 페이코인이 이를 실패하자, 거래소들은 닥페이코인을 거래소에서 퇴출시켰다. 페이코인은 핀테크 기업 다날 자회사 페이프로토콜이 운영하는 가상자산 결제 서비스다.

위믹스와 페이코인의 재상장 사건은 국내 디지털 자산 시장에서 닥사의 규제와 금융당국의 역할이 얼마나 중요한지를 보여주는 사례다. 향후 국내 디지털자산 시장이 금융당국과의 소통을 통해 어떻게 변화할지를 시사하고 있다. 업비트와 빗썸 등 다른 주요 거래소들이 위믹스를 재상장할 가능성도 점쳐진다. 이들이 닥사의 가이드라인에 따라 행동할 것인지 관심이 집중된다. 위믹스의 상장폐지와 재상장 과정은 디지털 자산 시장에서 투명성, 규제 준수, 그리고 시장 질서의 중요성을 재확인시켜 주는 사건으로 남을 것이다.

일론 머스크가 사랑한_도지코인(DOGE)

도지코인은 2013년 잭슨 팔머와 빌리 마커스에 의해 시작된 밈코인이다. 원래는 인터넷 밈(meme · 인터넷에서 유행하는 사진이나 영상)에서 영감을 받아 재미로 만들어졌다. 그러다 일론 머스크 등의 유명인들의 지지와 소셜 미디어의 영향으로 더욱 인기를 끌게 되었다. 도지코인은 저렴한 거래 수수료와 빠른 거래 속도로 인해 소액 결제와 기부 등의 용도로도 사용된다.

도지코인은 밈코인 특성상 변동성이 매우 크다 보니 장기적인 가치 저장 수단보다는 단기적인 투기 자산으로 더 많이 사용되고 있다. 초보 투자자들은 투자에 앞선 주의가 필요하다.

도지의 아류, 시바이누 코인까지_밈코인 3대장

밈코인은 주로 인터넷 밈에서 영감을 받은 디지털 자산으로 주로 강아지, 특히 일본의 시바견을 상징하는 코인이 많다. 도지코인 외에도 시바이누(SHIB) 등이 있다.

시바이누 코인은 도지코인의 성공을 본떠 만들어진 코인이지만, 이후 빠르게 성장하며 도지코인의 시가총액을 맹추격하고 있다. 특히 시바이누는 자체 탈중앙화 거래소인 시바스왑(ShibaSwap)을 출시하며, 생태계 확장을 꾀하고 있다.

그렇다면 최근 떠오르는 밈코인은 무엇이 있을지 3대장을 살펴보자. 대표적인 밈코인 도지코인의 자리를 넘보는 것이 바로 봉크(BONK)다. 이더리움 킬러인 솔라나 네트워크를 기반으로 한 점도 봉크의 인기 요인 중 하나다. 봉크 역시 시바견을 테마로 한 솔라나 기반 밈코인이다. 시바견을 이용한 점은 도지코인 · 시바이누와 동일하다. 하지만 통상 이더리움 기반으로 발행되는 밈코인과 달리 유일하게 솔라나 블록체인에서 발행되었다. 최근 솔라나 NFT 생태계가 급격히 성장한 점도 힘을 보탠 것으로 분석된다. 다수의 NFT프로젝트가 봉크를 결제용 토큰으로 활용하면서 수요가 증가한 영향이다.

코인 기능보다 대중성에 따라 출렁이는 밈코인에 '대형 거래소 상장 소식'은 상승 필승 카드다. 실제로 또 다른 밈코인 페페코인은 미국 주요 가상자산 거래소 제미니가 상장을 예고하면서 크게 뛴 바 있다. 페페코인은 유명한 온라인 밈 중 하나인 '개구리 페페'를 이용해 만든 이더리움 기반의 가상자산이다. 시가총액도 크게 늘어 페페코인을 제치고 밈코인 3대장에 들었다.

페퍼코인은 2023년 4월 출시된 지 3일 만에 200배 넘게 오르며 밈코인 강세장을 이끈 바 있다. 당시 페페코인 폭등세에 따라 도지코인과 시바이누도 덩달아 상승한 것이다.

개구리 페페는 미국의 인디 작가 맷 퓨리(Matt Furie)가 지난 2005년 만든 만화 캐릭터로, 미국 온라인 커뮤니티 포챈(4chan)에서 유행하기 시작했다. 이후 지난 2016년 크립토 아트 프로젝트인 '레어 페페'를 포함해 블록체인 업계에서 수많은 밈을 양산해 왔다.

유명 밈에서 시작한 개구리 페페가 도지코인, 시바이누 등과 같은 밈코인으로 재탄생하자 온라인 커뮤니티를 중심으로 페페코인에 대한 관심이 폭증하기도 했다. 밈코인 대표주자로 꼽히는 두 코인과 동일하게 출시 직후 폭등세를 보였기 때문이다. 시바견 밈으로 만들어진 도지코인과 그를 모방한 시바이누 모두 코인계 '머니게임'이라 불릴 정도로 평균 4000% 넘게 폭등한 바 있다. 특히 두 코인 모두 지지자로 알려진 일론 머스크의 X(옛 트위터) 멘션에도 출렁이곤 한다. 페페코인 보유자 수도 폭등세에 따라 급증하고 있다. 이더리움 통계 사이트 이더스캔에 따르면 페페코인 보유자 수는 출시 이틀 만에 1만명을 돌파했다.

변동성이 큰 만큼 투자 사기에 주의가 요구된다. 이른바 '먹튀'로 불리는 러그풀(가상자산 개발자의 투자비 회수 사기 행위)이 일어나기 쉽다. 실제로 지난 2021년 개발된 '진도지 코인'과 '오징어게임 코인' 역시 밈코인으로 시작해 러그풀로 끝났다.

진도지 코인은 '진돗개 밈'을 사용해 개발된 밈코인이다. 앞서 밈코인 열풍을 일으킨 도지코인에서 착안해 개발됐지만, 개발자는 거액의 투자금이 모이자 관련 홈페이지 등을 폐쇄하고 잠적했다. 이에 진도지 코인은 이틀 만에 97% 넘게 폭락하고 수십억원 규모의 피해를 일으켰다.

오징어 게임 코인은 넷플릭스 인기 작품인 '오징어게임'에서 착안한 밈코인이다. 작품 인기를 등에 업고 발행가 대비 2428%까지 폭등했다. 이 역시 개발자가 돌연 프로젝트를 중단하고 종적을 감춰 4만3000여 명이 넘는 글로벌 피해자를 낳았다.

일본에 스시 코인이 있다면 한국엔?_김치코인

김치코인이란 우리나라 기업이 발행한 코인을 지칭힌다. 일본 기업이 발행한 코인을 업계에서 '스시 코인'이라고 부르는 것과 같은 이치다. 우리나라 대표 음식 '김치'로 대표성을 부여한 것으로, 최근에 가장 주목받는 김치 코인은 네카오(네이버+카카오) 코인 '카이아'다. 카카오 자회사가 발생하는 코인 클레이튼(KLAY)과 네이버 자회사가 발행하는 코인 핀시아(FNSA)가 통합한 코인다. 다시 말해 카이아는 클레이튼과 핀시아의 신규 통합 토큰이다. 카카오가 발행한 레이어1 코인 클레이튼과 네이버 관계사 라인테크플러스가 만든 레이어1 코인 핀시아 두 개가 '카이아' 코인 하나로 합쳐진 셈이다.

이들의 합병이 주목받은 이유는 국내 '김치코인' 대장주라는 공통점 때문이다. 하지만 최근 라인사태로 네이버의 지분 매각 가능성이 커지자 우려가 업계 안팎으로 나오고 있다. 현재 매각 대상인 라인야후 계열 '라인넥스트'가 카이아 핵심 기술사 역할을 맡고 있기 때문이다. 라인넥스트는 현재 핀시아 기술 파트너사이기도 하다.

기존에 밝힌 카이아 사업 방향도 달라질 수 있다. 향후 매각 협상에 따라 라인넥스트 소속이 바뀐다면 사업 진행 상황에 변화가 생길수 있기 때문이다. 카이아는 현재 향후 사업 계획 전반에 라인메신저와 라인프렌즈 지식재산권(IP)을 녹여놓은 상태다.

최근에는 비트코인 인기가 높아지면서 상대적으로 국내 투자자를일컫는 'K-코인러'의 투자심리가 식어가고 있다. 실제로 국내 1·2위 가상자산 거래소 업비트·빗썸 거래량이 최근 들어 큰 폭으로 감소했다. 코인은 우리나라를 비롯한 전 세계 거래소에서 동시에 거래된다. 같은 코인도 어느 거래소에서 거래하느냐에 따라 가격이 달라지는 이유다. 일반적으로 한국에서 거래하면 외국 거래소보다 다소높은 가격에 코인을 사야 하는데 이를 '김치 프리미엄'이라고 부른다. 비트코인의 국내외 가격 차이를 뜻하는 이런 김치 프리미엄은 앞서 비트코인이 1억원을 기록했을 당시 10%였다.

변동성에
스캔들까지, 폭락에
대처하는 자세

-과거에서 배우는 리스크 헤지 전략-

지난 5년
코인을 움직인 거대한 힘

    지난 5년은 가상자산 시장에서 가장 큰 상승과 하락을 보였던 시간이다. 그야말로 가상자산 시장을 이해하고 분석하기에 적격인 기간이다. 과연 어떤 요인이 상승장을, 어떤 요인이 하락장을 만들었을까. 그 요인들이 앞으로의 상승과 하락을 다시 야기할 수 있다고 단언할 수 없지만, 그래도 역사는 반복되고 과거를 추론하면 미래를 예측은 해볼 수 있지 않을까. 앞으로 어떤 요인이 시장에 유입했을 때 어떤 판단을 하는 것이 현명할지 살펴보자.

    앞서 살펴봤듯 코인 가격은 코로나19가 발발했던 2020~2022년을 중심으로 지난 5년 가장 크게 출렁였다. 물론 가상화폐 업계가 빠르게 발전하면서 법적 정책적 기술적으로 여러 현안이 등장할 때마다 가격은 출렁였지만, 이 모든 것들을 뛰어넘어 가장 큰 파고를 만든 힘은 단연코 미국의 중앙은행 연준에서 나왔다. 전 세계가 달러를 기축통화로 사용하는 만큼 어느 나라든 연준의 결정에서 자유로울 수 없다. 미 연준의 결정은 국내 중앙은행의 정책을 결정짓는 요소기도 하다. 그렇다 보니 파도를 타듯 전 세계 금융시장에 도미노처럼 영향을 미치게 된다. 그렇기에 세부적인 업계 동향을 살피는 것도 중요하지만 투자자라면 큰 틀에서 연준이 어떤 결정을 짓는지 가장 먼저 살펴야 한다.

2020년 3월 연준이 코로나19로 기준금리를 완화한 동시에 무제한 양적완화를 선언하자 금융시장은 호황기를 맞았다. 2022년 11월 비트코인은 약 6만 9000달러로 역사상 최고점까지 올랐다. 중간에 발생한 악재를 다 이겨내고 오른 힘이 바로 연준의 양적완화였다는 것을 보면 가상자산에 미치는 큰 힘을 알 수 있다. 이번 양적완화가 움직인 가상자산 급등 폭은 어느 정도일까? 코로나발 양적완화가 시작되기 전에도 가상자산을 움직인 상승 요인은 여러번 있었다. 지난 2013년 11월 미 정부가 비트코인을 통화 수단으로 인정할 필요성이 있다고 언급하고, 2014년 6월 애플이 비트코인 관련 앱을 승인했을 때도 가격은 꿈틀댔다. 2015년 7월에는 이더리움이 최초 발행되었고, 2016년 1월 중국에서 전자화폐 발행을 추진하고 그 해 2월에는 일본에서도 가상통화를 화폐로 인정하는 법 개정을 추진했을 때도 마찬가지다. 하지만 이때 오르내린 폭의 10배는 넘는 수준으로 연준의 양적완화 이후 급등했다.

　반대로 연준이 유동성을 줄이기 시작하자 다른 금융자산과 마찬가지로 가상자산도 하락세에 접어든다. 양적 긴축이 처음 시작된 2022년 2월 마침 러시아-우크라이나 전쟁 시점에 본격 하락세가 시작된다는 점에 주목된다. 막연히 생각하면 러시아-우크라이나 전쟁으로 가상자산 시장에 충격이 가해질 거라고 예상되지만 그렇지 않았다. 당시 증권시장 등에는 악영향을 미쳤지만, 오히려 전쟁으로 금융기관이 마비된 가운데 비트코인 등 가상자산을 P2P(Peer to Peer)로 송금받는 사례가 러시아와 우크라이나 사이에서 늘어나면서 정부의 통제를 받지 않는 탈중앙화 시스템으로서 비트코인 가치가 주목받았다. 그럼에도 연준의 양적 긴축 정책의 물줄기는 가상자산 가격을 하락시킬 더 큰 힘이었다는 데 주목해야 한다. 미 연준은 기준금리를 무려 0.75%p씩 낮추기 시작했다. 보통 0.25%p씩 낮추는 것을 감안하면 굉장히 한 번에 크게 낮췄다는 점에서 이를 '자이언트 스텝'이라 부른다. 그러자 시장은 위축되기 시작했다. 2022년 6월 자이언트 스텝 이후 비트코인은 2017년 말 전고점인 2만 달러 선을 지키며 움직이던 끝에 결국 1만7000달러까지 붕괴했다. 이더리움도 900달러 선을 오가며 아슬아슬한 줄타기를 이어

갔다. 연준의 긴축정책과 함께 가상자산 시장의 침체기가 시작되었
다.

권도형부터 샘 뱅크먼까지, 코인판을 흔든 스캔들

연준의 금리정책은 가상자산에만 국한된 변수가 아니었기 때문
에, 이를 제외하고 직접적인 영향을 미친 사안을 살펴보려 한다. 그
러면 유독 코인 스캔들 이후 가격이 하락한 것을 볼 수 있다. 지난
5년 가격 하락에 직접적인 영향을 미친 가장 큰 요인은 2022년 '루
나-테라'의 몰락과 가상자산 거래소 FTX의 파산이다. '루나-테라'
의 몰락은 피해 규모부터 남달랐다. 2022년 5월 코인 시장에서 시
총 50조원이 한꺼번에 사라졌을 정도다. 테라-루나와 FTX 사태
로 국내 가상자산 시가총액도 반 년 만에 4조원이 증발했다. FIU가
발표한 '2022년 하반기 가상자산사업자 실태조사 결과'에 따르면
2022년 말 기준 국내 유통 가상자산 시가총액은 19조원으로, 같
은 해(2022년) 6월 말보다 16%(4조원) 감소했다. 가상자산 가격이
크게 하락한 것은 물론 대중적으로 투자자를 확대하던 가상자산의
신뢰를 떨어뜨렸다.

듣지도 보지도 못한 잡코인도 아닌 10위권 내에 진입한 자랑스
러운 한국산 코인이란 점에서 배신감이 더 컸을 것이다. '루나-테

라'는 천재로 불리던 권도형 대표가 지난 2018년 창립한 테라폼랩스에서 출발했다. 200원이던 코인은 12만원까지 최고 약 500배 넘게 꾸준히 올랐는데 그 비결은 '스테이블 코인'에 있다.

스테이블 코인이란 코인을 달러와 1대 1로 매칭하는 방식으로 변동성이 크지 않게 안정적으로 설계된 방식을 일컫는다. 테라-루나도 스테이블 코인을 표방했는데, 심지어 더 과감한 방식으로 평가되었다. 루나와 테라를 1달러로 유지하기 위해 루나라는 세컨드 코인을 만들었다. 테라 생태계에서 1달러 가치의 루나와 교환하겠다는 약속을 한 뒤 그 시스템을 기반으로 1달러를 유지하는 방식이다. 이를 1달러로 고정한다는 뜻에서 '페깅'이라 한다. 가령 테라 값이 떨어질 것 같으면 루나를 사들여서 가격을 방어했다. 테라 값이 오를 것 같으면 그 반대로 테라와 1대 1로 발행량을 고정하는 식이다.

변동성이 가장 큰 약점인 코인에 '안정성'을 가미하니 투자자들의 환호를 받았다. 안정적인 생태계에 대한 신뢰와 응원으로 투자자들은 더욱 몰렸고 가격은 계속 올랐다. 게다가 권 대표는 수익성을 더 높일 수 있는 투자를 유도했다. 테라를 사서 맡겨놓으면 이자를 지급하겠다는 '앵커 프로토콜'이다. 그것도 무려 연이율 20%에 달하는 이자를 말이다. 엄청난 이자율에 혹해 전 재산을 투자하는 사람들이 늘어났을 정도다.

그러던 중 코인의 물량이 갑자기 시장에 대거 풀렸다. 누군지 아직도 알려지지 않은 익명의 매도자에 의한 사건이었다. 그에 맞춰 루나가 새로 발행돼야 했지만, 갑작스러운 대규모 매도로 테라의 1달러 페깅이 깨졌고 알고리즘도 무용지물이 되었다. 사람들은 더 이상 루나-테라가 스테이블 코인으로서 장점을 갖지 못한다고 인지하게 되었다. 그 믿음이 깨지는 순간 그 가치는 사라지게 되었다. 모두가 코인을 팔기 시작하면서 '코인런'이 발생했다. '데스 스파이럴(death spiral), 죽음의 소용돌이'에 빠졌다. 루나 가치가 0.000003 달러까지 떨어지면서 사실상 0에 수렴하는 휴지 조각이 돼버렸다. 테라와 루나는 일주일 만에 100% 폭락하며 휴지 조각이 되었고 바이낸스와 업비트 등 국내외 주요 가상화폐 거래소에서 상장 폐지되었다.

루나-테라의 충격이 가시기도 전에 그해 코인판이 또 한 번 흔들린다. 세계적인 가상화폐 거래소 FTX가 파산했다. 당시 FTX는 비트코인 현물 거래로는 세계 2위, 종합 거래로는 4위에 달하는 거래소였다. FTX는 자체 발행한 FTT란 가상화폐와 선물 등 거래가 가능하다는 점에서 전 세계에서 국내 투자자 비중이 높은 편이었다. 국내 코인거래소인 코빗과 코인원, 고픽스에서 거래가 가능했는데, 이들 거래소에서 FTX사태 이후 가격은 10분의 1까지 떨어졌다. 게다가 FTX측에서 출금을 아예 막아버리는 바람에 피해자들은 돈이

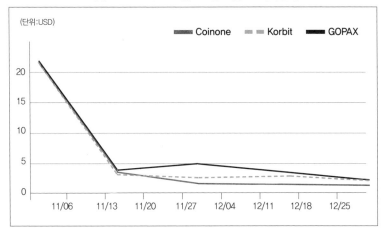

거래소(코인원, 코빗, 고팍스)별 2022년 11월 FTT가격 변화

(단위:USD)

Coinone   Korbit   GOPAX

묶여 발을 동동 굴려야 했다.

어떻게 된 걸까. 미국의 증권 감독 당국인 증권거래위원회(SEC)가 조사에 착수한 결과, FTX창업자이자 최고경영자(CEO)인 샘 뱅크먼 프리드는 계열사 알라메다리서치 등 130여 개 회사를 이용해 FTT의 자산을 부풀린 것으로 드러났다. 월스트리트저널(WSJ) 등에 따르면 알라메다에 약 100억 달러를 지원했다. 이는 FTX 전체 고객 자산(160억 달러)의 절반이 넘는 수준이다. 그 과정에서 고객 자산을 부당하게 유용한 것도 밝혀졌다. FTX가 FTT를 담보로 거액을 대출 받아 몸집을 키웠다고 본 것이다. 복잡한 지배구조와 불투명한 정보 등을 악용한 결과다. 외부 감사인 등의 눈을 피해 회사 재

무기록도 조작한 것도 드러났다.

2022년 11월8일, 거래소 FTX는 유동성 위기를 겪는다는 사실이 수면에 드러나자마자 붕괴했다. 세계 1위 거래소 바이낸스는 자사가 보유한 2조원 규모의 FTT를 전량 매도한다고 선언했다. 그러자 FTT 가격은 이틀 만에 90% 넘게 급락했고 72시간 동안 8조원 넘게 자산이 인출되면서 두려움 겪은 투자자들이 하나둘 인출을 시작했다. 이는 매도세를 더욱 가속하며 대규모 인출 사태인 뱅크런(bank run)으로 이어졌다.

무슨 일이 벌어진걸까. 샘 뱅크먼 프리드는 성공한 젊은 사업가였다. 그때만 해도 그렇게 보였다. 그는 2019년 FTX를 창업할 때 낮은 거래 수수료를 앞세워 고객을 모았고, 자체 발행한 가상자산인 FTT는 물론 선물과 대출 등 파생상품까지 운영하며 영역을 확대했다. FTX 기업가치는 매년 상승했다. 30세였던 그는 자산 156억 달러를 가진 억만장자로 포브스가 선정한 억만장자 순위에 이름을 올리며 세계의 주목을 받았다. 그 명성을 이용해 다시금 투자자를 모을 수 있게 되었다. 하지만 FTX는 뱅크런이 발생했을 때 긴급 자금을 조달하는 데 실패했고, 결국 파산신청했다.

충격의 스캔들 전말은 '사기'

코인 스캔들은 단순히 루나-테라 코인의 가격 하락과 피해 양산, FTX거래소의 파산에 그치지 않았다. 2021년 코인 열풍이 촉발한 코인 대중화가 무너져 버렸다. 당시 코인 열풍이 대학생까지 끌어들일 정도로 광풍이 되는 것에 우려도 컸지만 한편으로는 일부만의 투자 대상이었던 코인이 새로운 자산이자 결제 수단으로 자리매김할 것으로 기대를 모았다. 하지만 빚까지 내며 투자가 성행하던 그때 갑작스러운 가격 폭락은 개인투자자들을 파산에 이르게 만들었고, 코인의 신뢰를 추락시켰다.

무엇보다 기존 금융시장의 한계를 극복할 것으로 기대를 모은 '탈중앙화'에 실망감이 만연해졌다. 탈중앙화는 웹 사용자가 데이터를 분산해 보관하거나 사용자의 단말에 직접 보관할 수 있고 중앙 통제기관 없이도 개인 간 금융거래나 빠른 의사결정이 가능한 점에서 신기술이자 새로운 시스템으로 기대를 모았다. 하지만 '탈중앙'은 반대로 투자자를 보호할 수 없다는 허점을 드러냈다. 가령 전통 금융 시장에서는 '예금자 보호 제도' 등으로 투자자를 보호하지만 가상자산은 제도권 밖에 있다 보니 보호를 받을 길이 요원하다.

가상자산은 신기술인 블록체인을 기반으로 하는 만큼 일반인에게는 어렵거나 생소하게 느껴져왔다. 그렇다보니 투자자들은 '천재'라 불리는 개인의 유명세에 기댈 수밖에 없었다. 말만 탈중앙화일 뿐 가상자산 업계가 실제로 소수의 중앙 집권화되었다는 비판이 나온 이유이기도 하다. 주식이나 부동산 등을 투자할 때면 정부의 투자자 보호도 필요하지만, 개인 스스로가 투자 대상에 대한 분석과 공부가 필요하다. 하지만 아직 다른 자산 보다 제대로 된 정보가 부족하고, 일반인의 이해가 쉽지 않은 분야다 보니 유명세를 악용한 사기꾼의 덫에 걸려들기 쉽다.

테라-루나의 권도형 대표와 FTX의 CEO였던 뱅크먼 프리드도 대표적인 사례다. 그들은 사기 행각이 알려지기 전까지 미디어에서 '천재'로 주목받았다. 권 대표는 미 스탠퍼드대에서 컴퓨터공학을 전공하고 애플과 마이크로소프트에서 인턴 활동을 기반으로 2018년에는 티몬 창업자 신현성 전 차이코퍼레이션 대표와 테라폼랩스를 공동 창업하면서 대표적인 천재 창업가로 주목받았다. 2019년 포브스의 30세 이하 아시아 30인에 이름을 올리고, 외신들도 그를 '천재'라고 언급했다. 블룸버그는 그를 "루나의 왕에서 세계에서 가장 주목받는 비트코인 고래"라고 소개했다. 뱅크먼 프리드도 마찬가지다. FTX 파산에 이르기 직전까지 그 역시 코인계의 천재이자 성공한 자산가로 주목받았다. 30세였던 그는 자산 156억 달러를 가진 억만장자로 포브스가 선정한 억만장자 순위에 이름을 올렸다.

결국 피해는 고스란히 초보 투자자들에게 전가되었다. 전 세계적으로 고발이 계속되고 있지만 피해자 구제는 쉽지 않을 것으로 관측된다. 그동안 투기와 투자 사이에 의견이 분분하던 코인에 투기를 넘어 사기 이미지까지 씌워진 계기다. 이번 사태가 가상자산을 비롯한 탈중앙화에 대한 불신으로 이어질 것이란 회의적 시각도 많다. 하지만 제도적 장치의 미흡으로 인한 사기와 코인 시스템의 잠재력은 별개로 봐야 한다는 목소리도 높다. 해당 사태는 가상자산 본래의 가치인 '탈중앙화'를 지키지 않은 사기일 뿐, 이것이 가상자산의 위기는 아니라는 설명이다. 오히려 이번 사태로 가상자산 사업자의 투명성과 감독 기능이 강화되면서 장기적으로 안전하게 투자할 기회가 될 것이란 기대도 나온다.

탈중앙화 가치 아래 규제를 지양하던 가상자산 업계 내부에서도 적절한 규제를 통한 투명성 제고가 필요하다는 목소리를 내기 시작했다. 국내 가상자산 거래소 빗썸은 '2023년 가상자산 정책 전망' 보고서에서 "주요국 정부가 블록체인 생태계의 이해를 바탕으로 합리적인 규제의 틀을 마련하면 투자자 신뢰를 회복하고 장기적인 성장의 초석을 다질 것"이라고 기대했다.

가능성을 보여주다 한계에 무너진 코인들

위믹스는 한국에서 개발된 대표적인 블록체인 게임 코인으로, 게임 내에서 사용되는 디지털 자산이다. 위메이드(Wemade)가 개발한 위믹스는 블록체인 게임 시장에서 큰 주목을 받으며, 많은 플레이어가 게임 내 아이템을 거래하는 데 사용하고 있다. 위믹스는 특히 한국에서 큰 인기를 끌었으며, '김치 코인'이라는 별칭을 얻기도 했다.

위믹스의 성공은 블록체인 게임의 가능성을 보여주었지만, 동시에 여러 가지 문제점도 드러냈다. 2021년 위믹스는 가격 급락과 함께 규제 문제로 어려움을 겪었다. 한국 정부는 디지털 자산 규제를 강화하며, 위믹스와 같은 블록체인 게임 코인들이 게임 아이템의 가치를 보장하는 문제에 대해 철저한 검토를 요구하였다. 이는 위믹스의 가격 변동성에 큰 영향을 미쳤으며, 투자자들에게 불안감을 안겨주었다.

위믹스는 게임 내 아이템의 소유권을 블록체인 기술을 통해 보장하며, 플레이어들이 게임 외부에서도 아이템을 거래할 수 있게 해주었다. 이는 게임 경제를 혁신하고, 플레이어들에게 새로운 수익 창출 기회를 제공했다. 그러나 위믹스의 성공에도 불구하고, 가격 변동성과 규제 문제는 여전히 해결해야 할 과제다.

위믹스의 사례는 블록체인 기술이 게임 산업에 미치는 영향을 잘 보여준다. 게임 개발사들은 블록체인 기술을 통해 게임 내 자산의 소유권을 보장하고, 플레이어들이 게임 아이템을 실제 경제 활동으로 연결할 기회를 제공하고자 한다. 이는 게임 산업의 비즈니스 모델을 혁신하는 중요한 시도이지만, 동시에 규제 당국과의 협력을 통해 안정성과 신뢰성을 확보해야 한다.

가능성을 보여주다 한계를 넘지 못하고 주저앉은 또 다른 가상자산 중 하나로 페이코인이 있다. 페이코인은 한국에서 개발된 디지털 자산으로, 간편결제 서비스에 사용되는 디지털 자산이다. 페이코인은 다양한 가맹점에서 결제 수단으로 사용될 수 있도록 설계됐지만, 한국 정부의 강력한 규제에 직면하며 어려움을 겪었다. 한국의 금융 규제 당국은 디지털 자산 결제의 안정성과 투명성을 확보하기 위해 엄격한 규제를 적용하였으며, 이는 페이코인의 성장에 큰 걸림돌이 되었다.

페이코인의 사례는 디지털 자산과 블록체인 기술이 금융 규제와 어떻게 조화를 이뤄야 하는지를 보여주는 중요한 사례이다. 페이코인은 규제를 준수하기 위해 다양한 노력을 기울였으나, 결국 규제의 벽을 넘지 못하고 사업을 축소했다.

페이코인은 초기에는 많은 가맹점에서 사용될 수 있는 결제 수단으로 주목받았지만, 규제 문제로 인해 그 사용 범위가 제한되었다. 이는 디지털 자산 결제 서비스가 규제 당국의 신뢰를 얻고, 안정적으로 운영되려면 어떤 노력이 필요한지를 보여준다.

블록체인은 천하무적? 연이은 해킹 논란

엑시인피니티는 블록체인 기반 게임으로, 플레이어들이 게임 내 캐릭터를 거래하며 수익을 창출할 수 있게 했다. '플레이 투 언(play to earn)' 모델을 도입해 많은 사용자를 끌어 모았던 엑시인피니티도 해킹 사건을 겪으며 큰 논란에 휩싸였다.

지난 2021년 엑시인피니티의 론체인(Ronin Chain)이 해킹되며 약 6억 달러 상당의 자산이 도난당하였다. 해커들은 론체인의 다중 서명 시스템의 취약점을 이용하여 자산을 탈취했다.

엑시인피니티는 해킹 사건 이후 보안 시스템을 강화하고 피해 복구를 위해 노력했다. 또한 해킹 사건에서 얻은 교훈을 바탕으로 블록체인 게임의 보안성을 높이기 위한 다양한 조치를 도입하였다. 엑시인피니티의 사례는 블록체인 기술이 완벽하지 않고, 지속적인 보안 강화와 모니터링이 필요함을 시사했다. 엑시인피니티의 사례는 블록체인 기술이라고 무결한 것이 아님을 사용자들에게 보여줬다.

FTX 스캔들이 쏘아 올린 투자자 보호망

이처럼 블록체인 해킹 사건을 비롯한 스캔들이 가져온 순기능을 꼽자면 투자자 보호 방안이 나오게 되었다는 점 아닐까 싶다. 그동안 '탈중앙화'를 내세운 코인을 정부에서 규제하는 것을 두고 찬반 논의가 계속되었다. 하지만 이번 사태 이후 투자자 보호가 시급하다는 공감대가 형성되며 법안 마련에 속도가 나게 됐다. 테라-루나 폭락과 FTX파산 사태가 야기한 천문학적 액수의 피해는 현재로는 구제받기 어려울 것이란 관측이 지배적이지만, 앞으로 추가 피해를 예방하는 첫걸음을 뗐다는 데 의미가 있다.

실제로 이번 사건으로 투자자 보호가 절실하다는 공감대가 형성되었다. 금융당국을 넘어 정치권에서도 보호망을 만들어야 한다는 움직임이 생겨났다. 투자자의 자산을 보호하고 불공정거래 행위 등을 막기 위한 법안 마련에 속도가 붙었다. 그동안 코인은 제도권 밖에 있다 보니 이들 업계를 규율할 법안은 '특정 금융거래 정보의 보고 및 이용 등에 관한 법률(특정금융정보법)'이 유일했다. 금융당국은 이를 토대로 가상자산사업자 신고제를 도입하고 투자자 보호를 위한 각종 규제 장치를 마련했지만, 무분별한 가상자산 발행으로 피해가 걷잡을 수 없이 확대되었다.

정부의 '가상자산 이용자 보호 등에 관한 법률(가상자산이용자보호법)' 추진 끝에 지난 2023년 5월 11일 가상자산이용자 보호법이 국회에서 의결되었다. 해당 법안은 지금까지 발의된 가상자산 관련 법안 19건을 통합 조정한 것으로 고객자산 보호와 불공정 거래 금지 등 이용자를 보호하는 것을 목표로 한다. 아직은 급한 불을 끄는 수준이란 지적도 나오지만, 그동안 법망 밖에 있는 가상자산과 가상자산거래업의 정의를 규정하고 가상자산을 이용하는 이들의 권익 보호에 정부가 나섰다는 점에서 의미가 크다.

이밖에 불공정거래 행위 규제 입법으로 건전한 거래 질서를 확보하려 한다. 아울러 공개되지 않은 중요 정보를 이용하는 행위, 시세 조종하는 행위, 부정거래하는 행위 등 가상자산 거래 등을 불공정거래 행위로 규정하고 이를 위반하면 손해배상 책임도 부과하는 내용도 포함되었다. 집단 소송을 통해 과징금을 부과할 수 있게 하는 내용도 담았다.

가상자산이용자보호법은 사업자가 이용자에게서 받은 예치금을 고유재산과 분리하는 것을 골자로 한다. 고유재산에서 따로 떼어 예치하거나 신탁 관리해야 한다. 이는 사업자 신고가 말소되거나 파산했을 때 은행 등 공신력 있는 관리기관이 이용자에게 예치금을 직접 지급하는 근거가 된다. 이용자의 가상자산을 자기 소유 가상자산과 분리 보관해야 하는 것도 같은 취지다. 해킹 · 전산장애 등에 대비한 보험 · 공제에 가입하거나 준비금을 적립해야 한다. 또 사업자는 가격 · 거래량이 비정상적으로 바뀌는 이상 거래를 상시 감시하고 이용자 보호를 위해 적절한 조치를 취해야 하는 의무가 부여된다.

금융당국은 이용자 자산 반환이 제대로 이뤄지지 않는 사업자에 대해 검사를 적극적으로 실시하고 엄중히 조치한다는 방침이다. 또 이용자에게 돌려주지 않은 자산을 임의로 사용하는 등 불법행위가 적발되는 즉시 수사기관에 통보해 엄정 대응하기로 했다.

투자에 앞서
주목할 이슈7

─망설여진다면 이것만은 주목하라─

증권? 상품? 어떤 라벨이 붙여질까

증권? 상품? 뭐가 다를까

가상자산을 바라보는 정부 정책이 연이은 스캔들 이후 더욱 주목받고 있다. 대부분이 '탈중앙화'를 넘어 '투자자 보호'를 위한 방안 마련을 촉구하고 있지만, 지나친 규제는 가상자산 본연의 취지를 퇴색할 수 있어 우려하는 분위기다. 글로벌 주요국에서 관련 논의를 활발히 진행하며 법안 마련에 박차를 가하고 있지만 아직 진행형이다.

가령 미국에서는 2022년 상원의원이 '책임 있는 금융혁신법(Responsible Financial Innovation Act)'을 발의했지만, 그 이후 여러 세부 조항이 추가되는 데 그칠 뿐 이후 논의는 부진한 상태다. 가상자산 산업의 혁신을 촉진하는 동시에 투자자 보호도 강화하자는 취지를 담고 있다. 해당 법안은 디지털자산의 포괄적인 규제를 담고 있어 미국판 가상자산 기본법으로 불린다. 2024년 5월 공화당에서 선보인 '21세기 금융혁신기술법'도 주목할 만하다. 이 법안은 가상자산을 증권 또는 상품으로 분류하는 기준을 명확히 제시하자는 것이 골자다.

이처럼 세계 각국 정부에서 코인에 대한 논의를 활발히 진행하는 가운데 국내 금융당국인 금융위원회도 국제적인 스탠더드를 어느 정도 따를 것으로 예상되는 만큼, 글로벌 향방을 확인하면 투자 방향을 정할 때 도움이 될 것으로 예상된다. 그중에 주목할 부분은 '증권성' 여부다. 각국 금융당국은 코인을 일괄적으로 다루는 게 아닌 그 탄생과 성격 등에 따라 달리 접근하는 작업을 추진 중이다. 즉 개별 코인마다 어디까지 어떻게 분류해 취급할지 여전히 논의 중이란 뜻이다.

대체로 투자성을 지닌 증권형과 결제 수단처럼 사용되는 상품형으로 크게 분류해 접근하고 있다. 이익을 기대하고 투자를 하고 사업주체도 그 이익을 약속하는 방식을 '증권형'이라 한다. 대표적인 증권으로는 주식이 있다. 그렇지 않은 금과 달러 등을 '상품'이라 한다.

그렇다면 코인을 증권 혹은 상품으로 구분하는 것이 무슨 의미가 있는 것일까. 코인이 주식 등과 같이 증권으로 여겨진다면 기존 증권에 적용되는 엄격한 규제를 따라야 한다. 투자자는 기존에 코인 투자할 때와 달리 여러 제약을 겪게 된다. 이는 투자 수요 위축으로 이어질 수 있다. 사업주체와 발행자에게도 마찬가지다. 이들은 증권신고서 제출과 증권공모 규제, 공시의무 등을 지켜야 한다. 물론 투자자에게 규제가 생기는 게 나쁜 것만은 아니다. 가상자산에서 정보 비대칭으로 인해 보호받지 못해 생겼던 '코인 스캔들', '사기'에서 보호받을 수 있다. 실제로 투자자 신뢰를 확보하지 못한 부실기업이 이 높은 기준의 허들을 넘지 못해 존속하기 어려워질 것이다. 즉 건실한 재단과 발행자만이 투자자 신뢰를 확보하며 살아남게 된다. 투자자 보호는 한층 강화될 것으로 기대된다. 반면 상품으로 인정받는 것은 무슨 의미가 있을까. 금과 달러 등처럼 금융시장 상황에 따라 헤지(hedge) 수단으로 이용될 수 있다.

비트·알트는 '상품', 그 외엔?

현재 논의가 가장 활발한 미국의 경우, 이를 판단할 때 연방대법원 판례인 '하우이 테스트(Howey test)'를 참고한다. 하우이테스트란 1993년 미 플로리다에서 대규모 오렌지 농장을 운영하던 하우이

컴퍼니가 진행한 농장 분양사건에서 유래되었다. 하우이컴퍼니는 오렌지 농장의 절반을 직접 경작하고, 남은 절반은 분할 매각해 재임대를 받아 재배하는 방식으로 운영했다. 당시 미 대법원은 이 거래를 투자계약으로 보고 SEC의 관리감독을 받아야 한다고 판결을 내렸다. 이 기준을 가상자산의 증권성 여부를 판단하는 기준으로 삼아야 한다는 설명이다. 이에 따르면 금전 투자와 공동 사업, 투자에 따른 수익 기대, 투자의 성패가 타인의 노력으로 이뤄졌는지 여부 등도 고루 따지는 식이다.

여전히 논의 중인 만큼 글로벌 주요 금융당국의 향방을 살펴야겠지만, 코인 대장주 비트코인만큼은 증권성 논란에서 벗어날 것으로 예상된다. 대표적인 가치저장 수단이면서 결제 수단의 잠재력까지 지닌 비트코인은 증권성 논란이 끝날 무렵 사실상 상품으로서 가치를 더욱 공고히 할 것이란 관측이 우세하다. 발행 주체가 정확하지 않은 데다 채굴만으로 발행된다는 점에서다. 시가총액 2위이자 알트코인 대장주 이더리움은 한때 증권성 논란이 제기된 바 있다. 이더리움을 32개 이상 블록체인에 예치(스테이킹)해야 블록 생성 작업에 참여할 수 있게 변경됐기 때문인데, 이때 받는 보상이 주식의 배당처럼 해석될 수 있다는 점에서다. 미국 내에서도 금융감독 당국 간에도 입장이 다르다는 점도 살펴볼 부분이다. 가령 SEC는 하우이 테스트를 기준으로 증권 여부를 판단하는 반면 상품선

물거래위원회(CFTC)는 상품을 포괄적으로 규정한다.

이더리움을 제외한 대부분의 알트코인을 증권으로 볼지 여부는 여전히 주목할 지점이다. 아직 미 금융당국에서도 정확한 답을 내리지 못한 상태다. SEC와 CFTC가 각각 이들을 증권과 상품으로 봐야 한다는 입장으로 맞서고 있다.

탈중앙화 넘어 따로 또 같이

코인은 투자자산 중 변동성이 가장 크다. 실제로 최고점 대비 가격 하락률을 의미하는 가격 변동성(MDD)은 2023년 하반기 61.5%로 집계되었다. 상반기(62.4%) 대비 0.9%포인트 감소하기는 했지만, 여전히 높은 수준이다. 변동성이 워낙 크다 보니 사실상 '운'에 맡기는 사람들이 많다. 분석하려 하기보다 운이라는 식의 접근을 하다 결국엔 느낌에 맡겨 투자하는 식이다.

코인은 다른 투자 대상보다 정립된 원리나 참고할 정보 등이 많지 않아, 투자에 어려움을 겪는다. 유튜브에서 소위 찍어주는 것, 주변에서 추천해 주는 것을 믿고 투자하다 상장 폐지로 투자금을 잃는 경우도 부지기수다. 나중에는 '영끌(영혼까지 끌어모아)'을 해서라도 잃은 것 일부라도 회수하겠다는 일념이 사기의 덫에 걸리게 만든다. 이는 도박의 형태로 이어져 파산에 이르는 일도 많다. 코인은 변동성의 크기 만큼 리스크도 크다 보니 차라리 운에 맡기는 편이 속 편하다고 생각할지 모른다. 하지만 탈중앙화란 특징이 있더라도 최근에는 금융시장과 동조화 현상을 보이는 만큼 앞으로 주요 자산으로 자리할 것이란 점을 알고, 단기 열풍에 몸을 맡기는 게 아닌 금융자산 중 하나로서 꾸준한 공부와 투자를 하는 것도 필요하다.

코인의 변동성을 키웠던 요인 중 하나는 '탈중앙화'란 점이다. 정부의 규제 밖에 있다는 점이 장점이지만 반대로 변수에 크게 노출된다는 측면도 있다. 하지만 최근 여러 번의 코인 스캔들이 피해를 키우고, 코인이 이전보다 다방면에 활용되자 세계 주요국 곳곳에서 이와 관련한 제도를 정비하기 시작했다. 그러면서 코인 시장은 이전보다 '금융자산'과 동조화된 특성을 나타낸다. 때로는 금융자산과 동조화를 보이거나 탈동조화를 보이는 식이다. 특히 가상자산의 증권성 여부가 확정된다면 더욱이 금융시장 내에서 동조화 혹은 탈동조화하는 모습들을 관찰할 수 있을 것이다. 앞으로 막무가내 투자가 아닌 전체적인 금융시장을 분석하며 그 안에서 투자 전략을 세우는 것이 필요한 이유다.

코인의 등락이 연준 만의 영향이라고 단정 지을 순 없지만, 연준이 크게 움직일 때는 그 어떤 요인보다 강력하게 코인시장을 움직일 수 있다는 점에 유념해야 한다. 이에 연준 정책의 향방을 가늠하면 매수와 매도 타이밍을 정할 때 도움이 될 것이다. 앞으로 연준이 돈을 시중에 풀려고 하는지, 거둬들이려 하는지 기조를 살피는 것이 좋다. 연준은 기준금리를 낮추는 등의 '양적완화' 방식으로 시중에 돈을 풀고 반대로 기준금리를 올리거나 테이퍼링 등 양적 긴축(QT, Quantity Tightening)' 등의 방식으로 돈을 거둬들인다.

금융 및 부동산 등 자산 투자에 앞서 기본 중의 기본은 글로벌 경제 흐름을 살피는 것이다. 글로벌 금융 시장에 각각 미치는 영향은 다르지만, 어쨌든 영향력의 범주에서 벗어날 수 없기 때문이다. 그렇기에 우리는 한국에서 투자하지만, 미국의 중앙은행 등 당국의 정책에 주목한다. 코인도 탈중앙화란 태생을 고려하면 기존의 금융 시스템과 별개일 것 같지만, 앞서 연준의 정책에 가장 크게 영향을 받은 것처럼, 일부 동조화를 보일 수 있다. 그렇기에 연준의 정책이 코인 투자에 절대적이진 않더라도 큰 물줄기와 같은 관점에서 어떻게 움직일 지 주목할 필요가 있다.

ISSUE_③
굳건한 대장주,
4년마다 운명의 날 맞다

비트코인이 오르기 전 '운명의 날'이 있었다

가상자산을 시작하는 누구나 가장 먼저, 가장 많이 접하는 코인은 대장주 비트코인이 아닐까 싶다. 시가총액 1위답게 비트코인은 태생부터 꾸준히 사랑받는 코인 중 하나다. 비트코인은 다른 코인과 다른 독특한 특징을 지니는 데 바로 일정 간격으로 오르내린다는 점이다. 그렇다면 이 시기를 잘 간파한다면 대장주 비트코인 매수 시점을 더 잘 잡을 수 있지 않을까.

그동안 비트코인이 오른 시점을 살펴보면 다양한 요인이 있지만 반복적으로 나타나는 공통점이 하나 있다. '반감기(halving)'이

비트코인 반감기별 가격 추이

	첫번째	두번째	세번째	네번째
반감기 일자	2012.11.28	2016.07.09	2020.05.11	2024.04.17
반감기 당일 가격	$12.35	$649.49	$8569	$63,747
다음 반감기 전 최고가 일자	2013.12.04	2017.12.16	2021.11.08	-
다음 반감기 전 최고가	$1132.01	$19395.76	$67558.61	-
다음 반감기 전 최고가 대비 수익률	9066.07%	2886.30%	688.40%	-

후 어느 시점이란 점이다. 반감기(halving)란 말 그대로 비트코인 공급량을 줄이는 절차를 말한다. 가장 최근의 반감기는 지난 2024년 4월에 있었다. 비트코인 창시자인 사토시 나카모토는 비트코인 발행량이 계속 줄어들도록 시스템을 설계했다. 총발행량을 2100만 개로 제한하고, 그 주기를 4년으로 설정했다. 채굴 시 보상할 때 받는 비트코인을 점차 줄여가는 방식이다. 채굴에 대한 보상을 2012년에는 25비트코인, 2016년에는 12.5비트코인, 2020년에는 6.25비트코인, 2024년에는 3.125비트코인을 주는 식이다. 이런 식이면 오는 2040년에는 채굴이 종료될 것으로 예상된다.

그렇다면 보상을 왜 4년을 주기로 줄이는 방식으로 설계했을까. 채굴할 때 주어지는 보상을 줄이면 비트코인에서 생길 인플레이션이 사라지게 되면서 가치가 높아질 것으로 기대한 것이다. 채굴할 때 주어지는 보상이 감소하면, 비트코인에서 생길 인플레이션이 사라져 가치 상승으로 이어지기 때문이다. 즉 수요 대비 공급이 줄어들면 가치와 가격이 동반 상승하는 것은 당연한 이치다. 이 때문에 기존의 시장 논리가 적용되는 인플레이션 화폐와 달리 공급에 상한선이 존재해 디플레이션 화폐로 분류된다.

반감기를 둘러싼 엇갈린 전망도 4년마다 반복되었다. "가격에 선반영되었다"와 "역사적으로 입증된 호재"란 관측이 매번 팽팽히 맞섰다. 결과론적으로는 후자가 항상 답이었다. 지난 2012년 첫 반감기 당시 12.35달러였던 비트코인은 1년 후 1013달러까지 7500% 치솟았다. 반감기발(發) 랠리는 이후에도 계속되었다. 비트코인은 두 번째 반감기(2016년) 이후 1년 동안 285%, 세 번째 반감기(2020년) 이후 동 기간 561% 각각 상승했다. 이 때문에 실제로 코인 투자시장에선 반감기를 역사적인 호재로 꼽는다.

비트코인이 반감기를 기점으로 가격이 오를지는 몰라도 정작 채굴자들은 막대한 손실을 볼 수 있다. 글로벌 투자은행(IB) 번스타인 보고서 등에 따르면 가상자산 채굴업체들은 역사상 4번째로 예정된 반감기를 기점으로 연간 100억 달러 규모의 손실을 볼 것으로 추정했다. 역사상 4번째인 이번 반감기를 거치면서 하루에 채굴될 수 있는 비트코인 수가 900개에서 450개로 준 경우를 기준으로 계산한 수치다. 채굴업체들의 수익성 약화는 예상됐던 일이다. 통상 비트코인 공급량이 줄면 채굴 보상도 함께 감소하기 때문이다. 그뿐만이 아니다. 비트코인 공급량 감소는 채굴 난도도 높인다. 채굴하기가 어려워질수록 채굴업자들의 채산성은 떨어진다. 실제로 지난 2020년 세 번째 반감기 이후 현재까지 비트코인 채굴 난도는 6배 가량 상승했다. 또 최근에는 반감기가 임박해 채굴 난이도가 사상 최고치를 기록하기도 했다.

이번 반감기에 손실이 우려되는 지점은 또 있다. 이전 반감기 때와 달리 급부상한 인공지능(AI) 업체들의 전력 확보 경쟁이다. 비트코인 채굴은 다수의 컴퓨터를 사용해야 하는 작업이기 때문에 전력 사용량이 많다. 이에 그간 채굴 업계는 전력 업체와 다년 간의 계약을 맺고 고정된 값에 전력을 공급받았다. 그러나 아마존, 구글, 마이크로소프트(MS) 등 빅테크(대형 정보기술 기업)들이 앞다퉈 AI 데이터 센터를 구축하면서 채굴 업계 관행에 차질이 생겼다. 이들이 채굴업체가 지불했던 수준의 3~4배를 기꺼이 부담하며 전력 가격을 올리기 시작한 것이다. 가상자산 시장은 이런 채굴 업계 상황을 우려 섞인 시선으로 보고 있다. 반감기 이후 채굴업자들이 대규모 매도를 단행할 것이란 걱정에서다. 일반적으로 채굴업자들의 매도세는 가격 하락의 주요 원인으로 언급된다. 특히 최근 중동 위기로 짙어진 하락세가 더욱 심화할 수 있다는 비관까지 나온다. 반면에 현물 상장지수펀드(ETF)를 통한 수요 증가로 이번 반감기가 더 큰 폭발력을 가질 것이란 의견도 있다. 비트코인은 통상 반감기 전 6개월 동안 평균 61% 상승했으며, 반감기 이후 6개월 동안은 평균 348% 상승했다.

반감기 활용, 어떻게 하면 좋을까

일반 투자자들 입장에선 반감기를 적절히 투자에 이용하는 방안을 떠올릴 수 있다. 단순히 생각하면 이 반감기 전에 매수해서 이후에 매도하면 되지 않나 싶을 것이다. 비록 4년 만에 1번 오는 기회라지만 시세차익이 보장되니 말이다. 하지만 말처럼 쉽다면 모두가 부자가 됐을 것이다. 반감기를 이용해 이익을 거두는 것은 생각처럼 쉽지 않은데 그 이유는 크게 두 가지다.

우선 반감기가 4년 간격으로 온다지만 그 정확한 시점을 예측하기 쉽지 않기 때문이다. 반감기가 4년 마다 고정된 날과 시간에 발생하는 게 아니다. 가장 최근의 반감기는 2024년 4월 19일에 발생했지만 4년 후 반감기는 정확히 언제일지 예측하기 어렵다. 반감기는 21만 번째 블록이 생성될 때마다 자동으로 실행되는 구조다 보니, 2024년 반감기는 84만 번째 블록이 생성됐을 때 발생했다. 이를 기반으로 블록 생성 속도를 고려해 다음을 유추할 수는 있다. 21만 번째 블록이 생성될 때마다 자동으로 실행되는 구조이기 때문이다. 네 번째 반감기인 올해는 84만 번째 블록이 생성된 때 발생했다.

또 다른 이유는 비트코인 가격이 반감기 직후 바로 오르는 게 아니기 때문이다. 이전에도 반감기 이후 가격이 올랐지만, 직후에 오른 게 아니었다. 지난 2021년 말부터 1년 이상 움직이지 않은 비트코인수가 지속적으로 증가했다. 반감기가 일어난 2024년 5월 기준 유통되는 비트코인 양 대비 약 67%에 달하는 수준이라고 하니 반감기를 앞두고 약 67%에 해당하는 투자자들이 본격적인 상승에 앞서 보유 포지션을 취한 것으로 해석되는 대목이다. 그렇다 보니 반감기가 있더라도 당장에 크게 뛰지 않은 것으로도 볼 수 있다.

다만 반감기 직후에 바로 가격이 오르는 게 아닌 만큼 즉시 시세차익을 얻을 수 없더라도, '수요-공급' 원리에 따라 언젠가는 가치가 상승할 것이란 점을 이해한다면 투자에 도움이 된다. 실제로 2024년 전에 이뤄진 세 번의 반감기 이후 비트코인 가격은 올랐다. 지난 2012년 첫 반감기 당시 13.42달러였던 비트코인은 1년 뒤 1013달러까지 7500%, 두 번째 반감기인 2016년 이후 1년간 285%, 세 번째 반감기인 2020년 이후 1년 간 561% 뛰었다. 언제 크게 반등할지 확정 지을 순 없어도 통상적으로 반감기 이후 고점은 1~2년 사이에 형성되었다는 패턴은 관찰된다. 만약 대기 시간을 견디지 못하는 사람이라면 반감기 직후에는 가격 변동성이 낮고 이후에 오르기 시작한다는 점을 고려하는 것도 방법이다.

그럼에도 엇갈린 전망⋯'애완용 돌' vs '디지털 자산'

이 같은 매력에도 글로벌 큰손들의 비트코인에 대한 전망은 여전히 엇갈린다. 미 최대 은행 JP모건은 '비트코인은 무가치하다'며 '애완용 돌'이라 평가 절하했다. 반면 '디지털 금'이라며 차세대 자산이란 긍정적 평가도 나온다. 제이미 다이먼 JP모건 최고경영자(CEO)는 미 경제뉴스 전문방송 CNBC와 인터뷰에서 비트코인이 악용될 가능성이 있다는 이유로 '펫 록(Pet Rock;애완용 인형)'에 비유하며 "투자자들이 비트코인에 엮이질 않길 바란다. 비트코인에는 아무런 가치가 없다"고 말했을 정도다. 다이먼은 "매년 1000억달러 규모의 비트코인 자금이 사기, 탈세, 성매매 등 범죄에 악용된다"며 "비트코인과 달리 실제로 기능을 갖춘 가상자산은 존재한다"고 주장했다.

그의 강도 높은 일갈은 세계 최대 자산운용사 블랙록 의견과 팽팽히 대립한다. 블랙록의 CEO 래리 핑크는 폭스비즈니스와 인터뷰에서 "비트코인에 대해 긍정적인 생각을 가지기 시작한 것은 약 3년 전부터"라며 "만약 미래와 정부에 대한 두려움, 그리고 정부가 통화 가치를 떨어뜨리는 것에 대한 두려움이 있다면 비트코인은 장기적 잠재력을 가진 가치 저장 수단이 될 것"이라고 강조했다. 이는 비트코인의 존재 당위성을 나타내는 '디지털 금' 이론으로 이어진다. 래리는 "비트코인은 디지털 금과 같다. 글로벌 차원의 원장으로 국경을 초월한다. 어떤 정부보다도 규모가 크다"며 "현물 ETF의 출현은 비트코인의 합법성과 안전성을 보여준다"고 강조했다. 비트코인의 장점도 있지만 글로벌 주요 전문가들의 입장도 다각도로 보면서 투자 방향을 정하는 것은 어떨까.

비트코인에 이더리움도 ETF, 제도권 진입 신호탄?

비트코인 ETF, 금융위 넘어설까

과연 국내 가상자산 시장에도 ETF(상장지수펀드)가 도입될까? 국내 가상자산 소관 부처인 금융위원회에서는 '비트코인은 자본시장법상 ETF 투자 대상인 기초 자산에 포함되지 않는다'고 주장한다. 금융위는 2024년 1월 국내 증권사가 해외에서 상장된 비트코인 현물 ETF를 중개하는 건 자본시장법 위반 소지가 있다는 유권해석을 내놓은 바 있다. 현재 금융당국의 입장을 보면 쉽지 않아 보이지만, 국내에서도 의견이 분분한 데다 전 세계 변화는 국내 ETF 도입이 시기의 문제일 것이란 관측에 힘을 더한다.

금융감독원은 금융위와 미묘한 온도 차를 보인다. 금감원은 규제 완화의 틀을 바꿀 수 없고 언젠가는 허용해야 할 사안이라면 누군 가는 책임지고 법을 만들어야 한다는 입장이다. 정치권에서도 현행 법과 무관하게 비트코인 현물 ETF를 도입할 수 있다는 관측이 나 온다. 그 근거는 자본시장법에서 '자연적·환경적·경제적 현상 등 에 속하는 위험으로서 합리적이고 적정한 방법에 따라 가격·이자 율·지표·단위의 산출이나 평가가 가능한 것'도 기초자산으로 인 정하고 있기 때문이다. 금융당국이 유연하게 해석하면 가능하다는 설명이다.

현물 ETF 승인은 세계적인 추세가 될 전망이다. 현재 미국에 이 어 홍콩에서도 비트코인과 이더리움 현물 ETF를 승인했다. 외신에 따르면 홍콩에 출시된 암호화폐 현물 ETF는 모두 여섯 개다. 홍콩 증권선물위원회(SFC)가 2024년 4월15일 비트코인 현물 ETF를 처 음으로 승인하면서, 이는 아시아에서 첫 번째 사례가 되었다. 아시 아에서도 암호화폐 현물 ETF가 거래되기 시작하자 국내 시장 역시 이를 신경 쓰지 않을 수 없게 되었다. 미국에 이어 중국 자금 통로 로 여겨지는 홍콩까지 비트코인 현물 ETF를 허용한다면 거스를 수 없는 글로벌 금융 동향임이 입증되는 셈이다.

이더리움 현물 ETF도 제도권 '안착'

비트코인에 이어 이더리움 현물 ETF도 미국 제도권 금융에 진입했다. 미국 증권거래위원회(SEC)가 비트코인에 이어 이더리움의 현물 ETF까지 상장 및 거래를 승인하면서 2024년 7월 23일(현지 시각)부터 거래가 허용됐다.

이더리움 현물 ETF를 상장한 운용사는 블랙록(ETHA)과 반에크(ETHV), 프랭클린(EZET), 비트와이즈(ETHW), 피델리티(FETF), 인베스코 갤럭시(QETH), 21셰어즈(CETH), 그레이스케일(ETH · ETHE)이다. 그레이스케일만 2개의 이더리움 현물 ETF를 상장시켰다. 미 SEC가 지난 1월 비트코인 현물 ETF 상장을 승인한 지 6개월 만이다.

SEC는 앞서 4월 블랙록과 그레이스케일, 반에크, 피델리티 등 8개 자산운용사가 제출한 이더리움 현물 ETF 상장 심사요청서(19B-4)를 승인했다. 당시 시장에서는 증권신고서(S-1)에 대한 승인까지 수개월 소요될 것으로 예상했으나, 단 두 달 만에 시장에서 거래되기 시작했다. 미국에서 ETF가 공식 출시되려면 19B-4와 S-1 등이 모두 승인돼야 한다. 앞서 비트코인 현물 ETF도 '19B-4 승인→S-1 승인→현물 ETF 승인' 순서로 진행되었다.

미국의 이번 결정은 예상을 깬 결과라는 평가를 받는다. 승인 전까지만 하더라도 이더리움 현물 ETF가 상반기 내로 출시하기는 어려울 것이란 비관론이 우세했기 때문이다. 이는 비트코인과 달리 스테이킹이 가능한 이더리움을 '증권'으로 볼 수 있다는 이유에서 다. 스테이킹은 일종의 예금 제도로, 보유한 이더리움을 블록체인 네트워크에 맡기면 보상을 돌려주는 서비스다.

하지만 SEC는 스테이킹 기능을 제외하는 조건으로 이더리움 현물 ETF 승인을 허용했다. 이더리움 자체는 증권이 아니라고 본 것이다. 이에 따라 국내 가상자산 현물 ETF 상장 가능성이 커지는 것 아니냐는 기대감이 나온다. 국내 금융 정책과 투자 환경에 직접적인 영향을 미치는 미국의 적극적 모습이 국내 금융당국에도 자극제가 된다고 분석했다.

미국 뿐만 아니다. 현재 미국을 비롯한 캐나다, 독일 등 주요 선진국에서는 이미 비트코인 현물 ETF가 거래되고 있다. 2024년 4월에는 홍콩이 아시아 최초로 비트코인·이더리움 현물 ETF를 동시에 승인했다. 글로벌 동향으로까지 번진 모습은 금융당국을 더욱 부추길 수 있다. 전 세계 움직임을 역행할 명분 없이 계속해서 가상자산 현물 ETF 상장을 막는다면 한국 시장이 '갈라파고스'가 되는 꼴을 자처한다는 비판을 피할 수 없다.

AI가 대세라는데…
코인에도 AI 시대 올까

미국 반도체 기업 엔비디아가 쏘아 올린 인공지능(AI) 붐이 코인 시장까지 강타하고 있다. AI 테마 코인들이 일제히 강세다. 대표주자 월드코인은 챗GPT 개발사 오픈AI 기업가치도 뛰어넘었다. 월드코인 화력이 단연코 압도적이다. AI 대장 코인 월드코인은 챗GPT 아버지 샘 올트먼 OPEN AI 창업자가 개발한 코인이다.

월드코인은 AI 시대에 대비한 '인간 증명'을 구현하고 글로벌 차원의 보편적 기본소득 시스템을 만들기 위해 탄생했다. OPEN AI의 공동 창업자인 샘 알트만이 주도한 이 프로젝트는 AI 기술 발전으로 경제적 불평등이 심화될 우려를 해소하려는 시도다.

월드코인은 AI를 활용하여 온라인상에서 실제 인간과 AI를 구별할 방법을 제공하고자 한다. '오브'라는 홍채 인식 기구로 개인의 고유성을 확인하고, 이 과정에서 AI 기술을 활용해 홍채 데이터를 처리하고 분석한다. 수집된 홍채 데이터는 AI 알고리즘으로 처리되어 개인의 고유 식별자로 변환된다.

운영 방식은 다음과 같다. 사용자는 오브를 통해 홍채를 스캔하고 고유한 월드ID를 발급받는다. 월드ID를 발급받은 사용자에게는 일정량의 월드코인(WLD) 토큰이 지급된다. 월드코인은 이더리움 기반의 Layer 2 솔루션을 사용하여 거래의 안정성과 효율성을 높인다. 제로 지식 증명 기술을 활용하여 사용자의 개인정보를 보호하면서도 인증을 가능하게 한다. 현재 160여 개국에서 650만 개 이상의 월드ID가 발급되었으며, 계속해서 확장 중이다.

월드코인재단이 전반적인 관리를 담당하며, Tools for Humanity(TFH)라는 회사가 월드앱 운영을 맡고 있다. 월드코인은 AI 시대에 대비한 혁신적인 시도로 주목받고 있지만, 개인정보 보호 문제와 실제 구현 가능성 등 여러 과제에 직면해 있다. 향후 이러한 문제들을 어떻게 해결할 지가 프로젝트의 성공을 좌우할 것으로 보인다.

현재 월드코인은 백서 기준으로 100억개 발행이 예정돼 있다.

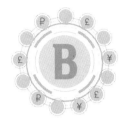

한때 달궈졌던 NFT, 기회 다시 올까

코인 광풍 속에 NFT가 있었다

코인 광풍 시기에 유독 많은 관심을 받은 코인이 있다. 바로 대체불가토큰(Non-Fungible Token, NFT)이다. 이를 과연 가상자산으로 봐야 할지 여전히 의견이 분분하다. 이는 NFT가 비트코인과 이더리움 등 기존 가상자산과 달리 '대체 불가한(Non-Fungible)' 특성을 보였기 때문이다. 블록체인상에서 유통된다는 점은 동일하지만, 토큰마다 별도 고유한 값을 부여하고 있어 상호교환이 불가하다는 특징이 있다. 이에 진위와 소유권 입증이 중요한 그림과 음악, 영상 등 콘텐츠 지식재산권(IP) 분야에 활용될 것으로 기대된다. 한국의 금융당국은 NFT를 가상자산 범위에서 제외하고 있지만, 우선 이를 차치하고 코인 광풍이 몰아닥친 2022년 투자자들에게 관심을 받은 때를 살펴보자.

NFT 커뮤니티에서 주목하는 프로젝트들은 민팅(NFT 발행)에서부터 많은 관심을 받으며 그야말로 발행 즉시 모든 물량이 '순삭'(순식간에 사라지는)되었다. 인기리에 민팅을 마친 NFT는 오픈씨, 룩스레어와 같은 2차 시장에서 높은 가격에 거래되고 있다. 2022년 2월, 2주 동안 아즈키와 보어드에이프요트클럽, 클론(Clone) X 등이 급등하기 시작한다. 글로벌 NFT 오픈마켓 오픈씨에 따르면 일주일 만에 4개 프로젝트의 합산 가치는 3억6590만달러로 추산된다.

NFT 판매량은 2024년 10월 5600만달러에서 1개월 후 1억 2900만 달러로 2배 넘게 급증했다. 시장이 망가졌다가 점점 살아나는 모습이지만 금융 규제 틀 안으로 들어오지 못한다면 NFT의 미래는 밝지 않다. 메타콩즈는 지난 2021년 12월 출범 이후 한국판 '지루한 원숭이들의 요트클럽(BAYC)'으로 불리며 국내 대표 프로필사진(PFP) NFT 프로젝트로 부상했다. 특히 출시 직후 압도적인 규모의 국내 커뮤니티와 높은 수익률을 자랑하며 인기 NFT 프로젝트로 전성기를 누렸다. 'K-고릴라'로 불렸던 국내 대표 NFT 메타콩즈가 대표 캐릭터를 사자로 변경한다. 2023년부터 진행된 경영권 분쟁이 일단락되면서 최근 추진 중인 메타콩즈 재건 작업의 일환으로 보인다.

최초의 NFT 1년 만에 헐값으로, 왜

투자자들이 아직 NFT에 불안감을 느끼는 이유는 급락하는 사례도 목격되기 때문이다. 실제로 수십억의 가치를 가졌던 최초의 트윗 NFT는 일 년 후 '헐값'으로 전락했다. 트위터 창업자 잭 도시가 처음 올린 트윗으로 만든 NFT는 탄생부터 주목을 받았다. 해당 NFT의 소유자인 시나 에스타비가 NFT 거래 플랫폼에 이를 올렸지만, 구입가에 한참 못 미치는 가격이 가격을 제안 받았다. 외신에 따르면 잭 도시의 첫 트윗 NFT가 경매에 나왔으나 가격이 280달러까지 떨어졌다. 잭 도시의 NFT 경매는 말레이시아 블록체인 기업인 브리지오라클의 CEO인 시나 에스타비가 주관했는데, 당시 에스타비는 잭 도시의 트윗 NFT를 약 30억원이 넘는 금액에 매입한 바 있다.

에스타비는 지난주 오픈씨에 도시 트윗 NFT를 경매에 올리면서 목표 가격을 480만달러로 제시했다. 에스타비는 "판매액의 50%는 자선 단체에 기부할 계획"이라고 밝히면서 판매액의 절반 수준이 2500만 달러를 웃돌 것으로 기대했다. 하지만 NFT에 대한 관심이 떨어지면서 응찰 건수와 금액 모두 보잘것없는 수준에 머물렀다. 마감일까지 경매에 참여한 입찰은 총 7개에 그쳤다. 이 중 가장 높은 가격은 0.09이더(약 34만원) 정도다. 에스타비는 "내가 설정한 경매 마감일은 끝났지만, 더 좋은 제안이 들어온다면 수락할 수도 있다. 하지만 절대 팔지 않을 수도 있다"고 밝혔다. 에스타비가 오는 16일까지 입찰을 수락하지 않으면 경매는 무효가 된다. 이처럼 1년 만에 헐값이 되자 NFT가 실체가 없는 자산이라는 불신이 생겨났다. 그동안 치솟았던 NFT의 가격이 거품 아니냐는 의심도 피어오르고 있다. 그렇다면 NFT는 투자가치가 없는 거품에 불과할까.

NFT, 가상자산 인정의 기로에 놓이다

한국의 금융당국은 NFT를 가상자산 범위에서 제외했다. 소유권을 증명하기 위해 활용되고, 수집 목적으로도 매수되는 점이 시장에 미칠 리스크가 적다고 본 것이다. NFT로서는 악재다. 시장이 발전하려면 제도권 안에 진입해야 하는데 비트코인처럼 제도권 안으로 진입하는 데 일단 실패한 모양새이기 때문이다. 가상자산은 법적으로 경제적 가치를 지니고 전자적으로 거래되거나 이전될 수 있는 전자적 증표로 정의된다. NFT는 전자적 증표에는 해당되지만, 경제적 가치보다는 수집 목적에 특화된 수단이라는 게 금융당국의 결론이다. 이는 NFT가 비트코인과 이더리움 등 기존 가상자산과 달리 '대체 불가한'(Non-Fungible) 특성을 보였기 때문이다.

금융당국 관점과 달리 현재 업계에서는 NFT와 가상자산의 경계가 모호한 상태다. 이미 가상자산 투자자들 사이에서 시세 차익을 겨냥해 투기성으로 거래되는 대상 중 하나로 인식되고 있다. 실제로 한 국내 주요 프로필사진(PFP) NFT의 가격은 프로젝트에 호재가 될 만한 소식이 발표되자마자 두 배 뛰었다.

ISSUE_⑦
이더리움의 재발견,
업그레이드가 시작된다

이더리움의 주요 업그레이드로 꼽히는 '데네브-칸쿤(덴쿤)'이 조만간 시작된다. 2025년 1월 17일 고얼리 테스트넷에 처음으로 적용한 후, 같은 달 30일과 2월 7일 세폴리아와 홀스키 테스트넷에 각각 도입된다. 시범적으로 가동되는 형태인 테스트넷을 거친 후 메인넷에 정식 구현되는 순이다. 덴쿤 업그레이드는 그간 시장이 주목했던 일정이다. 이더리움의 고질적 한계로 꼽혔던 확장성 개선과 거래 수수료 감소에 초점을 맞췄기 때문이다.

특히 이번에 업그레이드 일정이 구체화하면서 얼었던 투심을 녹일 것으로 기대된다. 그간 이더리움 기술력과 생태계에 대한 의구

심이 커지면서 가격이 크게 오르지 못했다. 특히 당초 2024년 4분기 예정됐던 덴쿤 업그레이드가 기술적 복잡성을 이유로 무기한 연기되면서 투심을 더욱 얼리기도 했다. 상대적 저평가 구간인 점도 강세론에 설득력을 더한다.

이르면 2025년 5월로 점쳐지는 이더리움 ETF 승인도 기대 요소다. 승인 시 이더리움으로 기관 자금이 크게 유입될 수 있기 때문이다. 현재 비트코인 현물 ETF 승인이 임박했다는 점에서 이더리움 현물 ETF도 그 뒤를 이을 것이란 전망이 우세하다.

"코인부자,
한국 사회의 새로운 지배자"

비트코인이란 말을 처음 들은 건 2012년 언제쯤이다. 뉴욕 특파원으로 부임하고 외신을 보면서 이 생소한 단어를 처음 접했다. 영어도 잘 못하는데, 그것도 10여 년 전에 비트코인을 이해하기란 불가능에 가까웠다. 비트코인에 대한 기사를 화제성으로 올렸을 때 당시 데스크의 반응은 "너 요즘 한가하구나"였다. 그리고 다시 비트코인을 접한 건 귀국해서 2017년 언제쯤이다. 당시 100만원 수준의 이 코인은 불같이 오르더니 300만원을 넘어섰다. 그리고 다음 해에는 2000만원에 도달했고, 3000만원까지 올랐다. 정신이 멍했다. 어떻게 해야 하는 걸까. 그런데 이번에는 폭락이 시작되었다. 금융당국이 규제에 나서자 비트코인은 급락했다. 그러더니 어느새 300만원이 되고 말았다. 내가 몇 년 전에 처음 본 바로 그 가격이었다. 탄식이 나왔다. 3000만원까지 오른 그 때처럼 어떻게 해야 할지 몰랐다. 이후 몇 년을 그 수준에서 오르락내리락했다. 그리고 사람들 사이에서 비트코인이 잊혀갈 때쯤 가격은 어느새 다시 1000만원에 도달했다.

그때 나는 비로소 '이게 코인이구나'생각했다. 수많은 기회를 놓치면서 말이다. 공부하는 것 외엔 방법이 없었다. 참 어려웠다. 생소한 용어들부터 정확한 의미를 파악하기란 쉽지 않았다. 교재도 없고, 자료마다 설명하는 것도 달랐다. 그래서 처음으로 쓴 책은 용어정리였다. 여행안내서 형식으로 출간한 첫 책은 의외의 성공을 거뒀다. 그만큼 많은 사람들이 용어조차 몰랐다는 방증이다. 두 번째 시도인 이번 출간을 준비하면서 후배들과 많은 대화를 나눴다. 그 과정에서 역시 요즘 기자들의 톡톡 튀는 아이디어에 감탄했다. 똑똑한 후배들이 자랑스럽다. 그리고 도와준 많은 지인들에게 감사를 전한다. 가족들에게도 감사할 따름이다.

코인은 어렵다는 인식이 많다. 지금까지 그런 것 같다. 일상생활에서 몸으로 체험하기 어렵기 때문이다. 하지만 그래서 참 묘한 매력이 있다. 우리가 미래에 대해 항상 궁금하듯 말이다. 꿈이 있고 상상을 할 수 있어서 더 포기할 수 없는 자산인 것 같다. 코인 공부를 하면서 많은 사람을 만났다. 특히 '코인 거부'라 불리는 분들이 들려주는 얘기는 흥미로웠다. 안타까운 것은 그들의 이름을 실명으로 쓰기가 어렵다는 점이다. 그들은 세상에 자신의 이름을 알리는 것을 원치 않는다. 너무 많은 스포트라이트를 받는 것이 부담스럽기 때문이다. 그렇다 보니 익명으로 처리할 수밖에 없었다. 무엇보다 진짜 스토리인 뒷 이야기를 모두 담지 못한 점이 무척 아쉬웠다. 사적인 내용이 많아서 명예훼손이 우려됐기 때문이다. 이 책을 마무리하면서 다음 책에 대한 욕심이 생긴 건 이런 이유에서다. 좀 더 직접적이고 좀 더 피부로 체감할 수 있는 얘기를 들려주고 싶어서다.

한국 사회가 빠르게 변화하고 있다. 큰 변화 중 하나는 새로운 계층의 등장이다. 대표적으로 사모펀드와 코인 투자자들이다. 이들은 의사, 변호사 등으로 대표되는 전문직의 수입을 압도한다. 수십억 되는 강남 아파트를 현금으로 사는 이들이 바로 이들이다. 그들이 어떤 식으로 생각하고 어떤 식으로 자산에 접근하는가를 살펴보는 것은 이제 선택이 아니라 필수가 되었다. 이 책을 마무리하면서 이 화두에 얼마나 답을 했는지 돌아본다.

코인부자는 무엇이 달랐나

–코인·금융 전문기자들이 펴낸 '고래 분석서'

1판 1쇄 인쇄 2024년 12월 2일
1판 1쇄 발행 2024년 12월 27일

지은이 이진우, 이승주, 김제이
펴낸이 김미영

본부장 김익겸
편집 김도현
표지디자인 이유나[디자인 서랍]
내지디자인 이채영
제작 올인피앤비

펴낸곳 지베르니
출판등록 2021년 8월 2일
등록번호 제561-2021-000073호
팩스 0508-942-7607
이메일 giverny.1874@gmail.com

ⓒ 이진우, 이승주, 김제이, 2024

ISBN 979-11-987734-0-1 (03320)